A Biography of
Fang Huqing's Painting

房虎卿画传

丁薇薇 著

同济大学出版社
TONGJI UNIVERSITY PRESS
·上海·

图书在版编目（CIP）数据

房虎卿画传 / 丁薇薇著 . -- 上海：同济大学出版社，2024. 8. -- ISBN 978-7-5765-1323-3

Ⅰ. K825.72-64

中国国家版本馆 CIP 数据核字第 2024K5X688 号

房虎卿画传

丁薇薇　著

出 品 人　金英伟
责任编辑　张　翠
责任校对　徐春莲
装帧设计　张　微

出版发行　同济大学出版社 www.tongjipress.com.cn
　　　　　（地址：上海市四平路 1239 号　邮编：200092　电话：021 - 65985622）
经　　销　全国新华书店
印　　刷　上海丽佳制版印刷有限公司
开　　本　710mm×960mm　1/16
印　　张　12
字　　数　192 000
版　　次　2024 年 8 月第 1 版
印　　次　2024 年 8 月第 1 次印刷
书　　号　ISBN 978-7-5765-1323-3
定　　价　68.00 元

本书若有印装质量问题，请向本社发行部调换　　版权所有　侵权必究

房虎卿

1890—1979 年

目 录

1	房虎卿生平与绘画艺术综述	007
	家学渊源	008
	游艺海上	010
	供职国画院	014
	画艺人品	017
2	龙虎并雄：龙、虎与畜兽题材	023
	墨龙领风骚	024
	画虎形神兼备重骨法	038
	畜兽画精工逼真富巧趣	052
3	取法中西：蔬果花鸟写生与创作	061
	精于写生传生意	062
	博采广收陶冶出之	077
4	由传统走向现实：山水摹古与写景作品	087
	远师传统，近取今人	088
	三上黄山写松云	101
	山河新貌绘时代	115

5 以艺会友：与诸家交游及合作画　　　　　　　　　129
　　画坛雅集，相交诸友　　　　　　　　　　　　　130
　　与名家合作　　　　　　　　　　　　　　　　　137

6 艺苑耕耘：课徒授业及涉足书法、园林　　　　　　145
　　画传家法，三代相承　　　　　　　　　　　　　146
　　传习画理，培养后学　　　　　　　　　　　　　150
　　篆书创作与受邀园林设计　　　　　　　　　　　178

结论　　　　　　　　　　　　　　　　　　　　　　181

附录1　参考文献　　　　　　　　　　　　　　　　183
附录2　房虎卿艺术年表　　　　　　　　　　　　　186

后记　　　　　　　　　　　　　　　　　　　　　　191

1

房虎卿生平与绘画艺术综述

房虎卿是民国时期从常州走向上海画坛，并在新中国成立后活跃于江苏画坛的著名画家。他擅画山水、松石、走兽、蔬果、花卉，尤擅墨龙和虎，有声于时，名噪国内。惜关于他的研究，没有专著和论文，仅见片言只语和少量普及介绍性文字，使其声名在身后湮没，未引起世人的关注。作为传统的国画家，房虎卿在文献的记载中留痕不多，但是有一定数量的存世作品。今检索相关零散史料，发抉钩深，并广泛搜集房虎卿各个时期的画作，借由家属藏品、流传于民间的私人收藏，以及江苏省国画院、南京博物院、朵云轩等收藏单位的作品，经过汇集、整理，带来了更多的信息，从中可见其多姿多彩的绘画面貌，其生平及绘画艺术风貌也逐渐清晰。因而，逐步恢复了对画家的完整记忆。

本书对房虎卿的绘画表现形态、绘画交游等进行综合考量，通过对其在上海及江南地区的人生轨迹、艺术创作活动的梳理，可以以小见大，来了解民国时期上海中国画家的历史际遇和上海美术的发展状貌，并透视新中国时期用现代观念改造中国画所体现出的时代特征和20世纪中国画的历史变迁，以及江南社会历史文化发展的图景，从而寻绎出中国画从传统走向现代的历史轨迹。

家学渊源

江苏钟灵毓秀、人文荟萃。常州地处太湖流域，作为江南水乡，是江南经济中心，为南北交往要冲，历史悠久，山明水秀，气候温润，造就了其江南文化特色。毗陵、武进皆为江苏常州的古地名，千载而下，孕育和涌现出一代代文化名人和书画艺术家。然而世易时移，能流传于世的书画作品甚少，直至明以后，江南经济迅速发展，书画艺术也蔚然勃兴。明以来画家有徐贲、孙隆、恽向、邹之麟等，俱有声名，及清康熙年间恽寿平开创"常州画派"，其弟子及后学者众多。常州画派影响深远，在美术史上有着重要的地位。清代画坛又如唐宇昭、唐炗父子、钱维城、毕涵、毕简、汤贻汾、黄山寿等，也负有画名。近现代画史上常州的画家不胜枚举，画坛巨擘刘海粟、谢稚柳也是常州人，将常州的绘画艺术推上了新的高度。此外，龚铁梅、冯超然、张石园、马万里、谈云观、戴元俊等人皆有造诣，以及民国闺阁画家陆小曼、谢月眉、

1 房虎卿生平与绘画艺术综述

吴青霞等,均在常州画坛乃至中国画坛上占有一席之地。

新中国成立后,江苏依然是书画家麋集之地,书画活动频繁。房虎卿即近现代常州画坛上不可或缺的一位重要画家。宋文治曾在常州讲:"常州的画史是值得大书一笔的。古有恽南田,创造了常州画派。现代出了大师刘海粟、画家和鉴赏家谢稚柳,全能的画家房虎卿,他的功力深厚。"[1] 给予房虎卿很高的评价。

房虎卿生于清光绪十六年(1890年)[2],初名毅,字虎卿,号房山、揖峰,据其寓所之名,又号双园[3]。另据其画上题款,可知其早年在上海时居所称为寄庐、一粟庐、风云堂,因此,自号"一粟庐主人""风云堂主";回到常州后其居所又称荆溪村舍、荆溪精舍。他善画龙虎,遂以"虎卿"为名。武进夏溪镇(今属常州)人。幼年读私塾,十二三岁时,随告老还乡的祖父房庆恺学习文学及绘画。房庆恺,号烛亭,光绪年间官仁和(今杭州)知县。工墨竹,法宗文同,格调高古脱俗。房虎卿勤奋且有悟性,以《芥子园画谱》为范本,经过数年刻苦学习,掌握了山水、花卉的基本技法。

房虎卿青少年时在夏溪镇上一南北杂货店当学徒,微薄收入多用于购置笔墨纸张,勤奋学习中国传统绘画。之后考入上海图画美术院,该美术院前身名为"上海美术院",1912年11月由刘海粟、乌始光等人创办,位于上海乍浦路7号。1915年更名为"上海图画美术院",迁址于上海法租界菜市街。1921年再改名为上海美术专门学校,1930年定名为上海美术专科学校,简称"上海美专"。上海美专在中国美术史上具有不可低估的地位,是中国最早的具有先进美术教育体系、培养专门美术人才的新型学校,标志着中国近现代高等美术教育的正式诞生,成为近代培育美术精英的摇篮。

惜在上海图画美术院学习半年后房虎卿即退学回到常州,到溧阳县城学校教图画。该校校长看中他,遂将女儿周赛珍嫁其为妻。民国九年至十八年,即1920年后

---

1 包立本、陆志刚主编《常州名人故居》,北京:方志出版社,2006年,第151页。
2 恽茹辛编著《民国书画家汇传》,台北:台湾商务印书馆,1986年,第113页。关于房虎卿的生年,俞剑华编《中国美术家人名辞典》作1889年,恽茹辛编著《民国书画家汇传》列其生年为1890年,据房虎卿后人所述其生肖为虎,故生年以后者为准。
3 陈玉堂编著《中国近现代人物名号大辞典》,杭州:浙江古籍出版社,2005年,第849页。

的近十年间，房虎卿辗转在常州、武进、溧阳等地任中小学图画教师，一边任教，一边自学，刻苦钻研，画艺日进。暑假期间，他将平时积下的画拿到无锡等地去卖。数年后，名声日起，画名逐渐传开。

游艺海上

民国时期的画坛，以大城市为中心，形成了地域性的绘画群体与绘画流派。民国初年有北京、上海、广州三大绘画重镇。从上海地区传统绘画发展轨迹来看，上海的中国画始于元代，发轫于松江，同步于上海的社会发展历史。在元以前，像松江、青浦、嘉定这些上海最早富庶的地区，当时和苏州、杭州、嘉兴、湖州连成一片，大多数知识阶层集中于此。宋元时期米芾、温日观、任仁发、钱选、赵孟頫、高克恭、曹知白、马琬以及"元四家"等，他们的绘画活动均在松江周围。受经济条件和江南绘画传统及文人画影响，以松江为中心的上海中国画在元代伴随着整个绘画的中兴而承前启后，参与了其后的历史深化与发展。至晚明，自宋旭、顾正谊起，以董其昌、陈继儒为领袖，松江画派崛起，不仅主导了整个江南，也成为中国绘画的主流，他们的创作和理论有深远影响。除松江画派外，近邻的嘉定也是一时之胜地，代表画家有程嘉燧、李流芳等。入清以后，上海绘画承续明代松江、嘉定两地的绘画序脉继续发展。

上海地处东海之滨，是鸦片战争后开放国际通商的五个贸易港口之一，自1843年开埠之后，逐渐成为国内最大的商埠和中西文化交流的中心。城市文化发展，迅速完成了向现代都市的转型；商业气氛浓郁，号称"十里洋场"，成为江南的中心城市。上海在近现代迅速崛起，取代了江南一带传统的以苏州和杭州为中心的格局，也成为百年来我国最大的城市之一。晚清、民国时期的上海是众多著名画家的汇聚之地，全国范围内以江、浙、皖、粤等地为主的画家云集于此。由于上海经济逐渐高度发展和城市人口迅速膨胀造成的市场繁荣，以及太平天国运动的影响，复因租界地区相对安定的环境，吸引附近各省书画家多来上海居住、谋生和寻求发展，上海成为全国画家最多最集中的城市，成为容纳各地方画风的场域，也因此形成中国

1 房虎卿生平与绘画艺术综述

最大的书画市场。

清末民国初年,新的画风应运而生,形成别开生面的海上画派。张熊、任熊、赵之谦、任伯年、虚谷等画坛俊彦风靡江南一带,在画坛上有重大影响,是近现代绘画史上浓墨重彩的一笔。到了海派后期,前期海派领袖任伯年、虚谷等重要画家已先后去世,后期海派以吴昌硕为首,包括蒲华、钱慧安、吴石仙、陆恢、黄山寿、倪田、吴观岱、庞元济、王一亭、程璋、汤涤、谢公展、马孟容等名家;黄宾虹、冯超然、潘天寿、张大千以及被称为"三吴一冯"的吴待秋、吴子深、吴湖帆等画家亦于此时崛起或驰骋于画坛;张善孖、高奇峰、徐悲鸿、刘海粟、钱瘦铁、林风眠、关良等人也都一度成为上海画坛的重要成员,其中很多画家是现代中国画初期的革新者。

20世纪初,政权鼎革之际,文人耆宿充实沪上。上海的城市经济发展,中西文化交流皆领先于全国,各地丹青名手汇聚,一时名流如林。上海中国画界人才荟萃,画家辈出,画会纷起,社团活动踊跃,美术教育兴旺发达。此时的上海集中了许多在全国有影响力的画家,传统绘画的现代化进程以海上画坛为先驱,20世纪活跃在中国画坛的风云人物无不与上海有着关联,受到海派艺术或多或少的影响。上海成为中国19世纪中叶至20世纪中叶的文化艺术中心,影响之巨,波及现今。

20世纪前30年,有不少青年画家迁居上海以求发展,在上海学画、任教或创作,开始自己的艺术道路,打开艺术事业的局面。房虎卿也毅然辞去教职,向上海谋求发展,以画艺营生。民国十八年(1929年)起,房虎卿定居上海,寓所在河南中路吉祥里204号二楼。民国时期,随着都市的发展,商品化现象日益明显,在工商业进程不断推动下,新的市民阶层崛起并不断壮大,书画消费群体也趋于多样化,职业书画家活跃。清末以来上海盛行以笺扇庄为中介的交易方式,笺扇庄以经营信笺、扇子和文房用品为主要业务,清末开始涉足时人书画,到民国逐步发展,接受顾客的订件,直接出售书画家作品,兼有装裱书画的业务模式。因而,当时的笺扇庄经常是书画家的代理和中介机构,遵循市场规律,为书画家制定润例,代销字画,是书画作品流入市场的主要途径之一。房虎卿将自己所画扇面拿到老字号王星记扇庄试销,刚到上海还未满一旬,求画者垒集,此后专靠鬻画维持全家五口人生活。初到大都市，一下就立住脚跟，在群英争雄的文化中心上海崭露头角，由此可知其声名早为人所熟知。

　　民国十八年 11 月 1 日，中日绘画展览会在上海徐园行揭幕礼，民众前往参观甚为踊跃。日本画有渡边晨亩、关雪、桂月等众多画家的佳作，中国画则汇集了当时名家之作，花木一科有丁辅之、狄平子、经亨颐、谢公展、马瑞图、张大千、吴东迈、王国祥、徐世昌；人物部分有王一亭、陈少梅、沈子丞、李凤廷、周赤尘、黄少梅；虫鱼部分有高剑父、房虎卿、赵少昂；鸟兽有王一亭、陈树人、高奇峰、高剑父、张坤仪、□子锐、张善孖、赵少昂；山水则有狄平子、丁墨农、李浩然、吕十千、李祖韩、余绍宋、宋伯鲁、顾鹤逸等人。[4] 时海上画坛各名家画风概貌从中可见一斑。房虎卿的墨龙也参加了展览，可见其很快融入了当时的绘画圈。

　　在五四新文化运动的影响下，聚集上海的书画家或借鉴传统，发扬光大；或探索西学，开拓视野，在山水、花鸟、人物、书法、篆刻诸方面都出现了一批各具特色的名家，以其墨彩华章流芳艺坛。上海的中国画拥有很大的市场，当时一批全国著名的书画家、篆刻家居住于此，画会组织也纷纷成立。民国二十年（1931 年），房虎卿加入上海中国画会。中国画会有会员三百余人，是一个全国性的中国画团体。该会于 1934 年创刊的《国画月刊》对中国画的传统与现代接轨、中国画的革新等问题展开了讨论。房虎卿也因此结识海上书画界名流冯超然、谢公展、王师子、符铁年、马公愚、贺天健、汪亚尘、俞剑华、张石园等，尤与张善孖、郑午昌、吴湖帆、谢稚柳等人交往甚密。20 世纪 30 年代的上海已经成为国际大都市，汇聚着近代画史上许多重要的画家，东西方文化在这里碰撞，油画、水彩画、版画、日本画，以及当时极为活跃的海派画家的作品在画廊、展会相继展出，提供了不可多得的学习与观摩机会。再加上与诸名士往来，切磋技艺，结为好友，使房虎卿在艺术交流中开阔了眼界，吸纳了各派长处丰富和充实自身。

　　自寄居上海至 20 世纪三四十年代这段时间，房虎卿投身绘画，参加了不少绘画展览等艺术活动。如民国二十年（1931 年）11 月 13 日，房虎卿参加由薛保伦主事

4　《参观中日现代绘画展览会记》，《申报》1929 年 11 月 11 日第 11 版（第 20345 期）。

的画家群展,在宁波同乡会展览三天。由薛保伦邀请而加入者有王师子、王个簃、王子原、江小鹣、李祖韩、李秋君、汪声远、孙雪泥、马企周、马孟容、马万里、陈小蝶、商笙伯、符铁年、张善孖、张大千、张红薇、张时敏、许征白、贺天健、陆小曼、费龙丁、黄素庵、黄宾虹、黄晓汀、黄蔼农、叶渭莘、虞澹涵、赵叔孺、熊松泉、郑午昌、郑曼青、潘天寿、刘海粟、诸闻韵、楼辛壶、钱瘦铁、谢公展、阎甘园等40人,是"合第一流诸大名家之佳作而为盛大之展览者"。[5] 同年12月25日,房虎卿继上月的参展后,又参加由薛保伦主办的"海上消寒名画展",在宁波同乡会四楼展出。海上名家加入者还有王师子、汪声远、梁凯世、马企周、张守彝、王子北、汪仲山、马孟容、张红薇、赵雪候、马万里、符铁年、熊松泉、周胜庵、陈小蝶、费龙丁、郑午昌、李祖韩、贺天健、郑曼青、李秋君、孙雪泥、张善孖、黄宾虹、鲁绮眉、李芳园、洪严生、张大千、黄素庵、钱瘦铁、李博亭、胡若思、谢公展、陶冷月等。此次画展规模较大,所列作品件数在数百以上。[6]

除倾力于绘画创作,房虎卿也积极参与了相关的书画活动。民国三十二年（1943年）6月18日,日本国际文化振兴会招待海上书画家举行座谈会。房虎卿与马公愚、汪亚尘、王季迁、熊松泉、郑午昌、王季眉、吴湖帆等一同参会,即席均发表意见,希望能够共同推动中日绘画的交流。[7] 尽管抗战时期及解放战争前夕国内战乱,民生凋敝,但是没有影响到画展,这与当时日本人对中国画的喜爱和新贵阶层附庸风雅有着一定关系。

晚清以来,海上画坛有以书画润资赈灾、资助的风气。民国三十三年（1944年）8月15日,常州旅沪同乡会为清寒子弟贷学金、施诊给药,补助本邑贫儿院教养费,特分队筹募捐款,尚有不足,发起了书画展览会,于上海成都路中国画苑公开展览一周。房虎卿与同乡冯超然、刘海粟、汤涤、陶心如、唐肯、庄繁诗、吴青霞等,及海内名家如吴湖帆、叶恭绰、俞阶云、夏敬观、张元济、楼辛壶、缪萧孙、钱崇

---

5 《现代名画家近作展览会十三日起举行》,《申报》1931年11月10日第16版（第21051期）。

6 《海上名家消寒画展》,《申报》1931年12月25日第11版（第21096期）。

7 《国际文化振兴会书画家座谈会》,《申报》1943年6月19日第4版（第24857期）;《申报》1943年6月21日第4版（第24859期）。

威等以共四百多件作品参加了展览。爱好艺术者多向该会索取目录进行选购,可谓一时盛况。[8]

由此可见,房虎卿以绘画艺术活跃于海上画坛,与当时的名家多有交集和互动。他凭着深厚的艺术功力和坚韧的意志品格在画坛奋斗,并声名日隆,渐成为画坛瞩目的名家,参与推动了海派艺术的发展和繁荣,从而在20世纪三四十年代享誉沪上。

供职国画院

民国在中国社会发展史上是一个短暂的时期,长达数千年的封建帝制在神州大地终结,但随之而来的却是国势衰微,外忧内患。"九一八"事变拉开了日本侵略中国的序幕,在那个血雨腥风的年代,中国人民同仇敌忾,共赴国难。房虎卿与章百熙、庄寄尘、郑钟岫等友人相聚时有感于时局,耳所闻国难之消息,目所见国难之形势,义愤填膺,恨"手无寸铁,笔杆弗能作枪杆"[9],在画作中发出了"破碎河山谁是主"[10]的不平之鸣。1937年"卢沟桥事变",日寇侵华战争全面爆发,不久上海沦陷,殃及江苏,不少画家先后离沪。

近代中国,西学东渐,融汇交通。时值国势式微,不独政权鼎革,传统艺术也受到影响。战乱频仍、社会动荡的时局致使许多艺术家无法专心艺事,然而艰难困苦之环境,不足以阻碍诸多书画家承先启后、将传统艺术发扬光大。他们饱含着对中华传统文化艺术的诚挚,在动荡的岁月、恶劣的环境、简陋的画室全身心地投入创作,将一腔豪情和热血倾注于笔端。艺术的发展亦以多元的态势,呈现出纷纭和璀璨的局面。

1942年《在延安文艺座谈会上的讲话》确立了革命文艺路线和新时代的新文艺思想。1949年新中国成立以来,中国画阵营开始由变革而重新兴盛,为上海的美术家施展才能开辟了广阔天地,他们积极投身为新社会服务的艺术实践中。新中国成立之初百废

---

8 《申报·简讯》,《申报》1944年8月12日第3版(第25271期)。
9 寄萍《高君珊欧美归来话国难(二)》,《申报》1931年12月19日第17版(第21090期)。
10 房虎卿1935年作《雪山图》(170cm×45cm),自题:"破碎河山谁是主,苍江独有钓鱼人。"

俱兴，文艺领域也发生了巨大变化，开始了对中国画的改造。在为工农兵服务的方向下，贯彻了古为今用、洋为中用、百花齐放、推陈出新的方针，反对文人画，提倡现实主义画风，要求表现新的社会、新的生活，对中国画的传统与现代接轨、中国画的革新等问题也展开了探讨。1950年，上海成立了新国画研究会。所谓"新国画"要求反映现实政治的需要，漫画、版画、宣传画、连环画、年画等画种的力量得到充分发挥。在传统的中国画领域，也要求与现实生活发生紧密的联系，通过写生和深入生活，开拓题材视野，描绘社会主义时代的生活、思想和壮丽的建设图景，在技巧方面进行新的尝试，在艺术风格上也力求创时代之新。

历史进入20世纪下半叶，中国和上海绘画进入一个新的时代。20世纪50年代是中国画改造的重要时期，画家们饱含热情和理想投入社会主义建设和中国画的变革中。在新题材、新内容感召下，新的表现形式、新的笔墨语言应运而生，大量具有时代意义、充分反映新时代精神、富有时代气息的优秀作品问世，并涌现出众多出色的画家。他们紧扣时代脉搏，将时代主旋律与个人艺术紧密结合，努力描绘工业时代的新景象，作品力求充分反映时代精神。新旧之争与近代以来山水画的变革、20世纪五六十年代对国画题材的创新革命，使得传统题材演变为历史题材、建设题材，中国画形态展现出从传统文人山水到现实主义新国画的崭新局面。

为了推动传统艺术的发展，经周恩来总理批准，中央政府决定在北京和上海各成立一个国画院，两地画院的筹备工作迅速展开。1956年8月，"上海中国画院筹备委员会"成立，参与的著名书画家有沈尹默、贺天健、吴湖帆、潘天寿、王个簃、傅抱石、谢稚柳等。1957年2月，江苏省文化部门汇聚省内绘画力量，筹备成立江苏省国画院。当时还在江苏省南京师范学院任教的傅抱石已经在全国产生了一定的社会影响，1960年3月，江苏省国画院正式成立，由傅抱石任院长。上海中国画院紧随其后，于1960年6月正式成立。继1957年5月北京画院成立之后，江苏省国画院和上海中国画院成为国内成立比较早的画院之一。至此，出现了北京、上海、江苏三所官办的中国画院，宣示了当代中国画院体制的确立。

1956年，房虎卿随长女房师田、女婿江子砺从沪上返回家乡，定居常州。同年，房虎卿创作的国画《黄山松云》入选"第二届全国国画展览会"。江苏省国画院正式成立之际，作为常州画坛的代表人物，房虎卿应邀加入，被聘为江苏省国画院副画师。江苏省国画院的首批画师，多是从全省各地中国画家中选取有代表性者聘请，选取标准是艺术水平高、为当地美术界的代表人物，如南京的魏紫熙、郑秉珊、林散之，无锡钱松嵒，苏州余彤甫、费新我、张晋，太仓宋文治，扬州鲍娄先、何其愚、顾伯逵，镇江丁士青等。能为江苏省国画院首任院长、新金陵画派领军人物傅抱石亲点，这说明房虎卿在绘画领域的创作成就是令人瞩目的，也可见当时他在常州画坛的影响力和地位。

上海中国画院作为海上中国书画精英的集汇地，重要的代表如贺天健、朱屺瞻、吴湖帆、刘海粟、潘天寿、林风眠、谢之光、来楚生、江寒汀、陆俨少、谢稚柳、唐云、应野平等人。画院经常组织创作人员学习革命理论，探讨画史画论，深入三大革命运动第一线，和工农兵交朋友，搜集素材，涌现了许多贴近生活的佳作。而以南京为中心的一批画家，在中国画反映生活、反映现实方面也作出了重大贡献。在"时代变了，笔墨不能不变"的理论指导下，他们紧扣时代脉搏，以传统山水画技法为基础，大胆创新，投身表现现实生活的时代潮流中，开启了表现新中国现代化建设图景的山水画新风，被誉为"新金陵画派"，对20世纪后期的中国画坛产生了较大的影响。房虎卿加入江苏省国画院后，常来往于常州、南京之间，进行书画创作研究活动；又与傅抱石、钱松嵒、亚明、宋文治等江南新山水画的代表人物朝夕相处，切磋画艺，创作进入了新境。他投身为新社会服务的艺术实践中，紧跟时代步伐，创作出一大批现实主义作品，取得了丰硕的成果。

地缘因素决定了房虎卿绘画面貌的大趋势。他早岁学山水，从清初"四王"尤其是王翚入手，追摹宋元，复及今人，与"海派"和江南名家多有请益。到20世纪中期，随着中国山水画经历的新变革，画家由原来通过画谱而相袭的"师承"发展为重视写生、歌颂社会主义的大好河山，特别是六七十年代，他以七十高龄，和画院其他画家一起，深入工厂、矿山、农村，曾三上黄山最高峰，游历名山大川，为祖国河山纵情挥毫。在庆祝中华人民共和国成立15周年之际，他满怀激情地创作了精品之作《坚如磐石》，把共产党比作刚劲挺拔的松树，把新中国比作磐石。他还画过徐州利国铁矿、高邮水闸、洞庭橘红、富春江等许多写生作品，创作内容更趋丰富。

江苏省国画院兼具创作、研究、教学三大功能，设专人开展具体工作。为了贯彻"出作品、出人才、出理论"的办院宗旨，江苏省国画院于20世纪60年代开办学习班，由副院长钱松嵒分管教学工作，课程设置有山水、人物、花鸟、白描、书法、金石等，另有政治、哲学、语文、古典诗词、中国美术史、艺术概论等文化课，为中国画在群众中的普及做了有意义的工作。房虎卿则在江苏省国画院开设山水进修班中长期担任教师，向学员传授中国画学知识与笔墨技巧。他画了数以百计的课堂画稿，积几十年创作实践之经验，编绘《山水基础画稿》[11]，其内容包括各种树法、石法、云水法、皴法、设色法及构图、配景、用笔、用墨等一系列技法，对历代山水画流派作了较系统的总结和阐述，受到傅抱石、钱松嵒、亚明等著名画家一致赞誉，为培养江苏省中国画创作力量作出了贡献。学员毕业后分赴各地就业，为继承和发扬中国画艺术优秀传统、为江苏绘画艺术的繁荣与发展发挥了积极的作用。

画艺人品

房虎卿画作以山水为主，传统功力深厚，兼作墨龙、虎、蔬果、花卉等，名重一时。时人评论："武进画家中，房虎卿最多才，无论山水人物，无不精工，墨龙尤为擅长。"[12] 1935年9月23日至27日，房虎卿在杭州开元路商学社开国画展览会，参观者甚众，莫不同声称道，称其"笔法老练，尤为有目共赏"[13]。1936年5月3日至7日，房虎卿在天津永安饭店举行国画展览会。当时《大公报》在5月2日、4日、6日、8日和10日连续报道了展会情况，并给予很高的评价：

> 房氏山水出入倪、黄、文、沈诸家，于新安笔法，尤具神趣。墨龙云水苍茫，海潮汹涌，尤胜于西法，花卉神似白阳，而色采有南蘋南沙之艳丽。[14]

11　此画稿数量众多，其中如江苏省国画院藏《课徒画稿》一册，34cm×24cm，1960年作。
12　《真报》（1947—1949）1949年2月12日第2版。
13　《房虎卿画展》，《上海新报》1935年9月26日第3版。
14　《房虎卿国画展览三日至七日在永安》，《大公报》（天津版）1936年5月2日第13版。

画展自开幕，各界往观者，颇形踊跃，同声称道，因同好挽留，展期延至10日。"有爱好书画者，幸勿失之交臂。"[15]"房君作品逐日更换，名流购者极多。"[16]"所悬画件，已为识者定去不少。"[17]从展览评论来看，可谓引起关注，盛况空前。

关于房虎卿的画艺及风格面貌，亦可从《北洋画报》所载一篇短文中知其大概，文曰：

> 岁在丙子，重三之月，望日之夕，老友郑君瑞阶招饮中原酒家，席上有武进房君虎卿，初由南来，携其国画作品百数十件，假永安饭店展览。余顿触所好，翌日遂踵门一扩眼界。房君于山水人物，无一不精，楼中四壁所悬，亦无一不备。余□视一过，美不胜收，正如道入山阴，应接不暇；又如乞见食蟹，双双都好……今余观房君所作，亦有如六如，实合文人画院体画而参用之。其笔墨之高超，骨法之严谨，气韵之醇厚，几几乎直登六如之堂矣。君年方壮，而造诣已臻此境，他日所至，殆不可量。此不独房君之幸，抑亦国画前途之光也。[18]

从评述中可知，房虎卿所作题材广泛，各画科均擅长，是一位全能型的画家，画风可比作唐寅，兼南北二宗之长。

确实，从身份上说，在上海从艺的二十多年，房虎卿以职业画家的社会阶层考虑受众的需求，呈现出清新活泼并具有强烈入世情怀的绘画风格，在画里考究艺术上的功夫，描绘对象的形神方面，不脱离形似，善于精工刻画。但房虎卿对传统一贯予以尊重和汲取的态度，以开放性和包容性去理解，并在艺术实践中学习传统。从师承渊源上看，房虎卿推崇宋元以来的文人画家，早年对之进行深入体悟和学习。另外，青年时期起他与郑午昌、谢稚柳等典型的文人画家过从甚密，其画风也受到

---

15 《房虎卿画品别具风格：展览会中所见》，《大公报》（天津版）1936年5月6日第13版。
16 《房虎卿画会展期三日》，《大公报》（天津版）1936年5月8日第13版。
17 《房虎卿画展今日闭幕》，《大公报》（天津版）1936年5月10日第13版。
18 吴子通《参观房虎卿画展记》，《北洋画报》1936年第28卷（第1396期）。

了影响。因而，在他的作品中，院体与士气得到了融合，呈现为兼具文人画和院体画特征的崭新面貌。在画面表现形式方面，依然重视形式美感和笔墨情趣，审美旨趣上吸收了文人画雅逸的精神。

房虎卿曾作有一套《画扇集》[19]，山水、龙虎、蔬果、花卉囊括其中，是其精品，也能较全面地反映其绘画艺术面貌。书画家、北京中国画院副院长陈半丁认为房虎卿所作：

> 举凡山水、花卉、蔬果、龙虎、松石，无所不能，又无所不精。古法中而兼新意，是今之南蘋也。

美术史论家、画家俞剑华评曰：

> 虎老向以龙水专长，云烟变灭，鳞爪隐现，几欲破壁飞去。而不知其杂画更为巧赡，无体不备，无艺不精，年逾老而笔逾秀，色逾艳而神逾清，不让南田独美于前矣。

书画家、鉴藏家、书画理论家谢稚柳对其评价也很高，他说：

> 虎卿先生久以墨龙为世所推重，予尚[20]觉其所作云气蓬蓬然，信乎茫洋玄闲之趣。然虎老不独以龙为能，即山水出入黄鹤山樵，花果清新俊爽，弥足佩叹。

钱松嵒对房虎卿也深为认可，他们在江苏省国画院供职期间，一起谈古论今，甚是投机。他认为房虎卿的山水画纯正清和，对传统有深入的理解、研究与实践。他评此册说：

---

19 林散之为之题签"房虎卿画扇集"，共28开，25cm×52cm。
20 "尚"字应作"常"为通顺。

> 虎老早岁即以画龙名闻迩遐，实则山水、花鸟、蔬果无所不工。兹读斯册，不特炉火纯青，艺进于道，而清新秀润，精湛绝伦，不似出自年逾古稀者之手笔。今虎老已七十又六，犹精神矍铄，腰脚清健，盖怡情丹青，克享遐龄。而其寿征亦宛然流露于笔墨间也。

诸名家先后题跋，评述此《画扇集》，对房虎卿的绘画特点概括到位。书画家、鉴藏家吴湖帆也曾评房虎卿"六法咸备"[21]，对其颇为赞赏。综合来看，房虎卿擅长多种题材，既取法传统，又具有时代新意，清新秀朗，下笔而无老态。

房虎卿的好友林散之是诗、书、画三绝的高手，他有《赠阳湖房老画师》诗云：

> 画法原从书法出，不随时流作书奴。
> 独成风格胸中有，我爱阳湖恽子居。[22]

全诗大意是说作画必先具备扎实的笔墨基本功，要有独创精神。末句提到的恽子居，即清代创立"阳湖文派"的著名散文家恽敬，他曾对好友"常州词派"创始人张惠言谈及"当事事为第一流"。林散之一语双关，赞佩恽子居，犹代言房虎卿的独创精神。确实，房虎卿的绘画风貌在当代也是独树一帜的。

1971年10月，联合国大会第二十六届会议上以压倒多数票通过决定，恢复我国在联合国的一切合法权利后，为适应外交形势和外事活动的需要，上海市第一百货大楼诚请房虎卿为其作寻丈巨幅《黄山奇观》和毛泽东《卜算子·咏梅》诗意画，他出色地完成了任务。两幅大画在大楼临街玻璃窗内陈列多年，引起众人的注目和轰动。1973年，上海外贸部门接待的日商指名要房虎卿的墨龙和老虎画，房虎卿为此两次赶往上海，画了四幅龙虎图。外贸部门十分感谢他，连声叫好。

文化大革命结束，文艺解放，在新的大好形势下，中国画的创作和研究重新焕

21　吴湖帆1952年题房虎卿《画扇册》（23cm×52cm）。
22　林散之《赠阳湖房老画师》，林散之研究会整理《林散之诗集·江上诗存增订本》外编卷一，北京：文物出版社，2004年，第162页。

1　房虎卿生平与绘画艺术综述

发出生机和活力。房虎卿已八十有余，生活安定，心情舒畅，创作热情不减当年。凡求画者，来者不拒，慨然应诺，而且认真对待，一丝不苟，决不马虎了事。更为难得的是，他从来不收润笔费，作画用的笔墨纸张往往都是自己出资购买。在他1979年1月19日逝世前，他先后在上海、杭州、天津、北京举办了个人画展，博得画界与观众一致好评。生前他曾任常州市政协委员、市国画院联谊会副主任、市文联常委、江苏省美术家协会会员、省书法印章研究会会员、省文联委员、省国画院副画师等职。

　　房虎卿的绘画技艺从苦学中得来，他脚踏实地，在传统的基础上不断探索钻研而精进。他为人低调，重诚信，谦逊刻实，有古君子风。钱松嵒赞誉他功力极深，人品极好。房虎卿性格缄默寡言，平日甘居寂寞，埋头画案，默默耕耘，一生可谓勤奋刻苦，全身心投入书画创作，创作了无数作品。浸淫笔墨之余，从学者甚多，他先后收了二百余名学员，悉心指导他们成才，可谓桃李满天下。房虎卿常用的一方闲章曰"聊以自娱"，这表明了他对艺术的一贯态度，也是他为人低调、不追名逐利的写照，同时又是一种个人境界的呈现。他对艺术非常专注，一以贯之。他常教诲后辈，要"严于律己，宽以待人""宁可人负我，我决不负人"[23]。房虎卿不愧是当代一位富有艺术与人格魅力、德高艺精的名画家。

23　江可群《可亲可敬的艺术长者——纪念房虎卿先生120周年诞辰》，《常州日报》2009年8月3日。

2

龙虎并雄：龙、虎与畜兽题材

常州画坛以擅长绘龙虎画而驰名江南的画家，非房虎卿莫属。他是现代画龙高手，与画虎的张善孖齐名，名噪一时。龙、虎是当时有名的题材，房虎卿不但擅画墨龙，老虎也画得一流。云龙山虎在其笔下，被描绘得栩栩如生，神采奕奕。他用画笔赋予了龙虎深厚的意义，在龙虎的身上，似乎看到了一种民族气节和不屈不挠、积极向上、大气磅礴的胸怀。

墨龙领风骚

龙，从最初《人物龙凤帛画》《人物御龙帛画》中引导灵魂飞天的神物，到帝王的化身，神圣威严，强健不息，富有文化内涵，是中华民族的象征，承载着中国人独特的文化、精神、情感。十二生肖中独"龙"世间所无，非世目所及，又如何表现？古往今来，人们驰骋于想象，依据神话传说、古人粉本、画龙理论来认识和感知它。

关于画龙的源流，相传最早画龙之人是"叶公好龙"中的叶公。六朝善画龙者有三国时享有"江南画家之祖"盛誉的吴兴（今浙江湖州）画家曹不兴，他的画龙技法在当时已臻于完善。曹不兴曾游青溪，见一赤龙，自天而下，凌波而行，于是将所见画成图献给吴主孙皓，孙皓十分赞赏，把画送往秘府。另传宋文帝刘义隆在位期间，久旱不雨，祈祷无应，就把曹不兴这幅《青溪龙图》置于水上，即刻蓄水成雾，大雨经旬。这些传说绘声绘色，足见曹不兴画龙之传神高妙。南齐谢赫尚见过曹不兴之龙画，他说："不兴之迹，殆莫复传。唯秘阁之内，一龙而已。观其风骨，名岂虚成。"[1] 惜其所绘作品无一流传至今。之后的东晋大画家顾恺之也擅长画龙，今藏故宫博物院的《洛神赋图》中绘有洛神端坐于云车之上，云车前六龙并驾齐驱，奔行于云中；另有一龙从水中跃起，奋爪升腾，颇具情势。龙的形态双角微曲，蛇颈兽躯，驯良温顺，从中可见画家充沛的想象力。

吴（今江苏苏州）人张僧繇精工画龙，是中国历史上最富传奇色彩的画龙高手，所画的龙尤为灵异。据《神异记》记载，他在秦淮河畔乌衣巷附近安乐寺大殿的壁

---

[1] ［南齐］谢赫《古画品录》，见《中国书画全书》第一册，上海：上海书画出版社，1993年，第1页。

2 龙虎并雄：龙、虎与畜兽题材

上画了四条白龙而不点睛，人们问他为何不画眼睛，他回答说点则飞去。众人不相信，坚持要他画上。张僧繇提起画笔，刚点上两条龙的眼睛，龙须甩动，龙身上下飞腾，忽然天色陡变，阴云密布，雷电大作，一声霹雳，墙壁就被击穿成洞，两条龙一跃而起，腾空而去，没有点睛的两条龙则安然不动，依然伏在原处，在场的观众无不瞠目结舌。从此，张僧繇声名大噪，这便是流传至今的成语"画龙点睛"的由来。从史籍和古代有关著述中，保留下来的关于张僧繇的故事似乎带有一种神秘色彩，描写较为夸张，事实附加传说，但也说明张僧繇画龙技术之高超，他所创造的龙的形象活灵活现，十分传神，因而在风雨雷鸣之时更显现出龙的精神气象。这些奇闻轶事，使龙画之意，似乎高深莫测。

唐代是绘画艺术的完备和成熟时期，龙画技巧逐渐成熟。据《宣和画谱》记载，吴道子也是擅长画龙的高手，"画龙则麟甲飞动，每天雨则烟雾生"[2]。至晚唐时期，擅长画龙的画家有孙位，载曰："至于鹰犬驰突，云龙出没，千状万态，势若飞动，非笔精墨妙，情高格逸，其能与于此耶？"[3]至于宋人，画龙的成就是超出于前朝的。《宣和画谱》分道释、人物、宫室、番族、龙鱼、山水、畜兽、花鸟、墨竹、蔬果十门画科，龙鱼题材绘画独立成科，可见当时画龙之盛。画史上毗陵（今常州）画龙高手董羽，善画龙鱼，尤长于海水，初仕南唐待招，入宋后为图画院翰林艺学。宋建隆年间名重一时的僧人传古专攻画龙，当时御府藏传古画龙有穿石戏浪、吟雾戏水、踊雾出波、穿山弄涛、出水戏珠等不同的图式，蜿蜒升降之状，湖海风涛之势，"简易高古，非世俗之画所能到也"[4]，体现出画龙高深的造诣。南宋画家陈容画龙最为知名，传其"善画龙，得变化之意。泼墨成云，噀水成雾，醉余大叫，脱巾濡墨，信手涂抹，然后以笔成之。或全体，或一臂一首，隐约不可名状者，曾不经意而得，皆神妙"[5]。

龙，世所未见，因而古代画家加以想象，到宋时已基本形成龙的形象程式。有关画龙的理论，据为明代《唐六如画谱》所辑录而得以流传的董羽《画龙辑议》来

2　《宣和画谱》卷二《道释二》，长沙：湖南美术出版社，1999年，第40页。

3　《宣和画谱》卷二《道释二》，长沙：湖南美术出版社，1999年，第55页。

4　《宣和画谱》卷九《龙鱼（水族附）》，长沙：湖南美术出版社，1999年，第193页。

5　[元] 夏文彦《图绘宝鉴》卷四，长沙：商务印书馆，1938年第4版，第72页。

看，董羽总结了前人以及自己的创作经验，首次提出画龙"三停九似"之说。"三停"本是结构学和相面术上的术语，董羽画龙以"自首至项，自项至腹，自腹至尾"分为"三停"，即在画龙时，将其身躯化为三部分：自首至项是上停，自项至腹是中停，自腹到尾是下停。"九似"则是"头似牛，嘴似驴，眼似虾，角似鹿，耳似象，鳞似鱼，须似人，腹似蛇，足似凤"[6]。"三停九似"高度概括出虚幻的龙的形象，使之具体化和形象化，成为画龙的法则。

宋代郭若虚《图画见闻志》中对"三停九似"又加以发展，他说："画龙者析出三停：自首至膊，膊至腰，腰至尾也；分成九似：角似鹿，头似驼，眼似鬼，项似蛇，腹似蜃，鳞似鱼，爪似鹰，掌似虎，耳似牛。穷游泳蜿蜒之妙，得回蟠升降之宜，仍要鬒鬣肘毛，笔画壮快，直自肉中生出为佳也。"[7]使得龙画的理论更加规范和全面。清代郑绩进一步总结道："龙者，鳞虫之长也，王符言其形有九似：头似驼，角似鹿，眼似鬼，耳似牛，项似驼，腹似蜃，鳞似鲤，爪似鹰，掌似虎是也。其背有八十一鳞，具九九阳数；其声如戛铜盘，旁有须髯，颔下有明珠，喉下有逆鳞，头上有博山，又名尺木。若龙无尺木，不能升天。呵气成云，既能变水，又能变火。龙之为物，人所罕见，画家每宗是说而作焉。""虽然，观物者必先穷理，理有在者，可以尽察，不必求于形似之间。如天地生人，各貌不同，况龙神物也，变化不可测，度其形体，岂有一定不易哉！画者不可偏执。宜于情理中写其威灵震动、蟠屈蜿蜒之势，则真龙亦不外是矣。"[8]郑绩辩证地看待画龙的理法，强调以形写神，传出真龙精神。

龙集中了九种动物的优点，而且龙有很多形态、情状，如姿态上有坐龙、行龙、升龙等，又有天龙、地龙、神龙之分，甚至水龙、火龙、公龙、母龙、幼龙等，不一而足，极尽丰富和微妙。但是龙的形象到了宋代之后几成定型，所谓先匠所遗传授之法，龙的形象基本形成了一套程式化形式。

房虎卿最初是习画山水的，但他却是以墨龙立足于上海画坛。在上海这个移民

---

6 [五代]董羽《画龙辑议》，见俞剑华编著《中国古代画论类编》，北京：人民美术出版社，2000年第2版，第1024页。

7 [北宋]郭若虚《图画见闻志》卷一《论制作楷模》，北京：中华书局，1985年，第21-22页。

8 [清]郑绩《梦幻居画学简明》卷五《附论鳞虫》，清同治三年（1864年）刻本。

2 龙虎并雄：龙、虎与畜兽题材

城市中，画家这一艺术群体也大多来自外地，要在此站住脚，都需经历大浪淘沙的严酷考验。房虎卿初由常州来到上海时，画坛已人头济济，名家云集。经过深思熟虑之后，房虎卿扬长避短，避开了在上海竞争最为激烈的山水、花鸟、人物这些主要画种，决定以墨龙亮相。可见，房虎卿对上海画坛有着清醒的认识，从他后来的发展也能看出，他以墨龙领上海画坛之先，赢得声誉，接下来再以畜兽、花鸟、山水等各题材显示自己多方面的才华，终于在上海立足。

作于1928年的《云龙行雨》扇面（16cm×47cm）是目前发现的房虎卿早期的作品，从题款中所述"仿黄山寿笔法"，可知此时房虎卿画龙是取法同邑近人画家黄山寿。黄山寿（1855—1919年），原名曜，字旭初，别字旭道人，晚号旭迟老人，又号丽生。官直隶同知，50岁后在上海以鬻画为生，与吴昌硕等名流创办海上题襟馆金石书画会和豫园书画善会，切磋书画技艺。画则人物、仕女、青绿山水、双钩花鸟、墨龙、走兽、草虫、墨梅、竹石，无一不能。这件《云龙行雨》代表了房虎卿龙画的早期状貌，从其所画墨龙造型及笔墨来看，稍嫌板滞，与后来成熟时期娴熟的绘画技能相比还是有些差距的。

选定进军画坛的题材之后，房虎卿的"墨龙"便频频出现在展览会上。规模比较大的一次当属秋英会展览。"秋英会"是赵半跛和谢公展于民国十七年（1928年）发起，以赏菊吃蟹、吟诗或作画、当场挥毫为目的的聚会，在当时上海的文人雅集中著有盛名。当时的主流媒体《申报》详细记述了秋英会的发起缘由和参与者情况，文曰：

> 前日汉阳赵半跛、镇江谢公展同宴海上文艺界诸君于大加利酒楼。先期柬邀曾农髯、潘兰史、朱古薇、王一亭、吴待秋、徐朗西、曾公冶、汪英宾、周瘦鹃、唐吉生、冯超然、陈小蝶、丁慕琴、符铁年、冯白庵、丁云先、吴子鼎、杨清磬、王禹襄、张聿光、汪声远、钱病鹤、李浩然、王西神、严独鹤、朱应鹏、陶冷月、王陶民、邓春澍、胡汀鹭、方介堪、赵子云、李博亭、马孟容、钱瘦铁、郑午昌、俞寄凡、俞剑华、许徵白、谢玉岑、杨东山、朱大可、朱其石、刘山农、刘海粟、张善孖、张大千、胡郯卿、

胡伯翔、郑曼青、钱化佛、王师子、刘贞晦、马公愚、姜敬庐、许士骐、李亚青、谢介子、宣古愚、奚仲谋、乌崖岑、励建矦、黄梅生、黄素庵、郑曼陀、况又韩、鲍娄先、廖柳篸、马企周、蒙树培诸君,及吴杏芬、张红薇、奚屠格、虞澹涵、李秋君、顾青瑶、周錬霞、张时敏诸女士,以寄柬或有迟误,致是日与会人数仅三分之二。席次,主人发表斯宴缘起与愿望,联欢之外,意在组织一书画金石联合展览会。经众赞成,讨论之后,定名为秋英,会址假宁波同乡会,会期定古历九月二十六日至三十日,会费每人五金,收件处定海宁路一七八九号谢宅,以九月二十日为收件截至期,推定清磬、介堪、冷月、春澍、屠格、澹涵、博亭、午昌、公展为筹备干事,所有征集出品陈列等等详细办法,均由干事诸君另行集议进行……迩日上海艺术协会在康脑脱路四十七号开第一次展览大会,以使社会群众大增兴会,今又有斯会产生,未始非提倡艺术兴趣涵养人类同情之一助,殊不厌其多也。[9]

从这篇报道可知,与会者决定举办一书画金石联合展览会,定名为秋英。它不是一个社团,仅是一个临时会展组织,会期定农历九月二十六日至三十日。与会人数为三分之二,房虎卿的名字并未出现。1928年11月16日《申报》刊登的《秋英会读画记》,是对整个秋英会参展作品的总结,对诸家之作皆有评述。其中提道:"秋英会第一次展览会,值此海宇奠平,训政伊始,投口而起,远近瞩目……难兄善孖,以画虎有'虎痴'之号,仿新罗鹅蓼,仿郎世宁马,亦俱当行,可谓多艺。画虎两帧,雄踞壁上,合之房虎卿之两黑龙,当令见者有风云之思……此次陈列各品,都五百件,美不胜收,上之所举,诚管中豹,仅一斑耳。"[10]从中可知,在秋英会第一次展览会上,房虎卿为画展的受邀请者之一,以所画墨龙参加了展览,并且其墨龙和张善孖的虎合于一壁。

---

9 长生《秋英会之宴》,《申报》1928年10月14日。
10 沧波《秋英会读画记》,《申报》1928年11月16日。

2　龙虎并雄：龙、虎与畜兽题材

随后，房虎卿的墨龙参加了民国十八年（1929 年）11 月 1 日的中日绘画展览会。时海上画坛各名家佳作如林，可谓五光十色，前往参观甚为踊跃。从《申报》刊登的文章中可见展览概况，其中"房虎卿之墨龙，泼墨生动"[11]。再看《大公报》的报道，民国二十五年（1936 年）5 月 3 日，房虎卿在天津永安饭店开展览会，"参观者极形踊跃，售件亦多，山水兼有娄东新安之长，无论细笔粗笔，俱饶风趣，花卉设色艳丽，极合现代家庭客堂装饰之用，于鲜艳之中，含古朴意味，至于云龙则云气磅礴，波涛苍浑，有雷电骤来点睛飞去之象，周璕而后，久经绝响，房君作品，真无异周璕复生云"[12]。清画家周璕工人物、花卉、龙马，其画龙最有名，烘染云雾至百遍，以至于浅深远近殊足悦目。他曾把自己的画作张贴于黄鹤楼，标价一百两。有人识货，认为确有所值，周璕随即引为知己，以画相赠，因此得名于时。从评述可以了解到，此时房虎卿所画墨龙已日渐成熟，被视作继清人周璕之后的又一画龙高手。其所画之龙已被世人所称道，并带动山水、花卉等画科，在画坛上声名渐起。

如房虎卿为旅日学者、苏州收藏家汲初所作《墨龙》扇面（18cm×51cm，1940年），以及《画扇册》（23cm×52cm）中之《云龙图》（图 1），可见龙的造型较之早年已形象生动，云之气象深邃壮观，画面颇有生气。至今很多画龙者仍沿袭南宋陈容的画法，若想见得陈容龙画之状貌，当推现藏于美国波士顿美术馆的《九龙图》以及广东省博物馆所藏《云龙图》等精品。画中飞龙用铁勾画法，线条勾勒粗犷迅疾，腾跃盘旋，身躯时隐时现缭绕于云气之中，须目贲张，凌云驾雾，有力地揭示了龙的精神内容。房虎卿画龙是传承宋人风格，他画的《云龙图》在"三停"的表现上，龙身体较为舒展，造型整体呈现出龙首虎视、腹部鼓出、尾尖内卷的"S"形波浪状。又如房虎卿所作《云中龙》（图 2），龙身在云水间忽隐忽现，龙头的造型上不同于明人所绘，画风是学宋人，但相比宋人则更为秀谨。房虎卿以所画龙神采奕奕，被时人称为"画龙圣手"[13]。

11　《参观中日现代绘画展览会记》，《申报》1929 年 11 月 11 日第 11 版（第 20345 期）。

12　《房虎卿画展昨起在永安饭店举行》，《大公报》（天津版）1936 年 5 月 4 日第 13 版。

13　《近代画家房虎卿画龙》，《北洋画报》1936 年第 29 卷（第 1414 期）；艺徒《记画龙圣手房虎卿》，《海报》1942 年 8 月 29 日第 2 版。

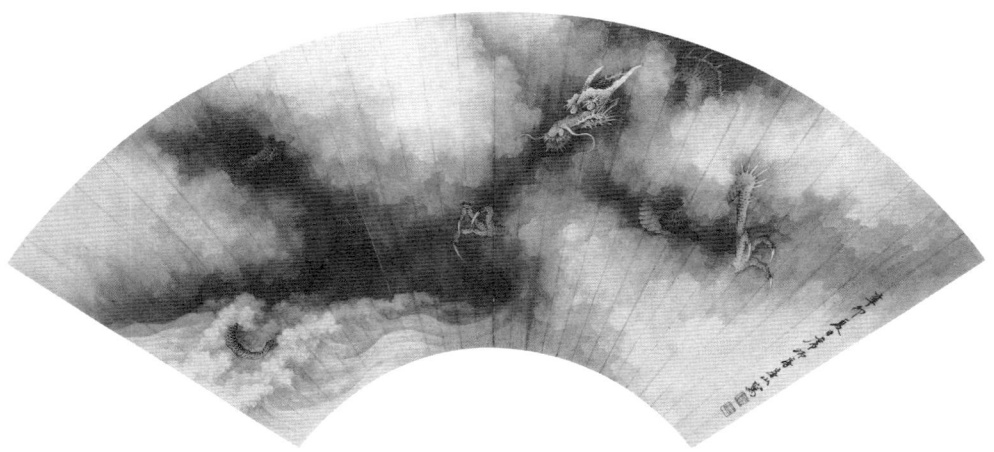

图1 云龙图 23cm×52cm 1951年

图2 云中龙 78cm×44cm

龙是万物之首，"四灵"之一，是"鳞虫之长"。在古人的眼里，龙可藏于天，凌于云，入于泉，能兴云布雨，腾云驾雾，是变幻莫测的神异动物，给了画家想象空间和发挥余地。房虎卿在了解传统绘画和古典文学对龙描绘的基础上，以想象力和创造力结合加以艺术化的表现。房虎卿认为，要画好墨龙，关键是要在云、水上做文章。为此，他面对大自然，花了几十年的工夫，进行观察和研究。每当夏日浓云密布、风云突变、阵雨骤至时，他总要跑至野外登高远望，仔细观察变幻莫测的云层，将风卷云动、墨云翻滚的变化默记于心，即使淋得浑身湿透，也并不在意。往往雷雨天，别人往家走，他却外出观察。通过长期实践，终于学成一种染云法，每画墨龙，都要经过反复皴擦、渲染，烘托云层的厚度。

房虎卿画的墨龙，较传统的画龙法有较大的突破，这来自他对大自然细微的观察。如其《墨龙出云》（136cm×67cm）抛弃任何山水背景，着意于对云水的刻画。龙的描绘藏多于露，包裹于层层涌动的波浪和厚重的云层之中。云水以"积墨法"画出，并有明晦光影之感，凸显出风雨变幻之意。其实积墨法最为不易，往往层层叠加，也难以掩盖画境的单薄，极易造成"死墨""脏墨"。房虎卿的墨龙图，云水以水墨积染，"墨法"和"水法"达到高度合一。他笔下的积墨，越黑越厚，越黑越亮，墨色浓淡、虚实巧妙呼应，相辅相成。实处之妙，皆因虚处而生，他所绘墨龙笔法精微扎实，墨法酣畅洒脱，娴熟地调动水墨交融产生的神妙特质，把飞龙矫健、腾云穿雾的意象描摹得淋漓尽致，观之如入真境。

《聊斋志异》中有这样的描绘："俗传龙取江河之水以为雨，此疑似之说耳。徐东痴夜南游，泊舟江岸，见一苍龙自空垂下，以尾搅江水，波浪涌起，随龙身而上。遥望水光闪闪，阔于三尺练。移时龙尾收去，水亦顿息。俄而大雨倾注，渠道皆平。"[14]中国人想象中的龙取水，大概就是江湖一带龙卷风来临之时水面出现的漩涡。这虽是个令人半信半疑的说法，但房虎卿年轻时就在太湖上遇到过龙取水。人们遇到这样的事都大惊失色，匍匐于岸边，房虎卿却敢于直面，站立船头。暴掠的漩涡从天上盘旋而下，逼近水面，接着就是水柱腾空而起，浓云急雨，刹那间大雨倾盆而注，

14　[清]蒲松龄《聊斋志异》卷四《龙取水》。

2 龙虎并雄：龙、虎与畜兽题材

沟满濠平。房虎卿毫不畏惧，把自己观看到的过程默识于心，最终也使他所画的墨龙达到了登峰造极的境界。

龙取水的题材在房虎卿的墨龙图中多有表现。如1949年作的《云程万里》（50cm×120cm）绘飞龙在天，挟风云疾驰，气势非凡，笔力飞动，云水随笔而生，水墨淋漓。题曰："家枢先生锡实业界之巨子也，其应变之才更如神龙之躯，策风云有挥洒自如之妙。"画中寓有象征之意，实为佳构。1954年作的《霖雨苍生》（103cm×50cm）中题道："墨花怒卷笔纵横，夭矫神龙乍点睛。破壁风雷莫飞去，要留霖雨慰苍生。"房虎卿借张僧繇"画龙点睛"的典故，点明龙栩栩欲活并非真要飞走，而是吸水成雨润泽天下，可谓匠心独运，别有神气。画中龙为蜿蜒之状，身健体粗，张牙舞爪，笔墨道爽，给人一种凶猛、威武、气势冲天之感。今南京博物院所存房虎卿《画龙图》与《霖雨苍生》所表现内容、构图形式类似，只是二图所绘的龙朝向相对，《画龙图》中龙首位于右上角，蓄成的水柱与画面呈对角线之势。画作纵247cm，横122.5cm，可谓大气磅礴的巨制。《戏水龙》（图3）则画天际翻滚，乌云之中一条蛟龙翻腾在云雾里，奋爪而上，通天接地，烟波云海，风生水起，水随云气而上，画水汹涌澜翻，云水的动感表现得形象逼真。册页《画扇集》（25cm×52cm）之《龙啸图》（1974年）中仿宋笔绘就墨龙，气势非凡。房虎卿画龙学南宋陈容，龙首、龙爪、龙身用勾勒法，以浓淡墨渲染出阴阳，云气用泼墨法和积墨法，层层涌动，使龙尾隐没其中。这些作品具有精思，毫端壮观，都是成功的艺术佳作。

"苍龙教子"也是龙画中的常见题材。古代传说龙生九子，形状性格各不相同，个个法力无边，神通广大。比如，囚牛能通万物之言，辨别声音；睚眦性格刚烈，好斗喜杀，是战神；赑屃好负重，力大无穷，能治水、驼石碑。房虎卿所作《画扇集》（25cm×52cm）中有一开《苍龙教子》（图4）则绘岩石瀑布中，大龙教小龙从深潭中跃出，飞腾或游泳。大龙踞巨石而蹲，俯首望小龙，意欲示范，小龙则于低处张望，两条龙互为呼应，形态极为生动。波浪冲击山岩形成翻滚的巨浪，画面近实远虚，浅深有别。另一开《双龙戏水》（图5）也是同类题材，展现出惊雷怒涛、洪浪巨湍之势。又有立轴《苍龙戏水》（图6），题曰："或跃于天，或起于渊，大兴霖雨，

图3 戏水龙 94cm×44cm

图 4　苍龙教子　25cm×52cm

图 5　双龙戏水　25cm×52cm　1964 年

图 6 苍龙戏水 94cm×43cm

2 龙虎并雄：龙、虎与畜兽题材

天下丰年。"画上亦是长风破浪，激流汹涌翻腾之势。山临大江，小龙自山下出，伏于岩上；大龙腾云出没，蜿蜒骧首云间，云水相接，风雨自爪鬣中出。除山石敷以青绿，其余皆水墨，画面中汹涌的波涛光影感的表现也尤为突出，营造出大气磅礴的气韵。

这些作品中所绘之龙龙头苍劲，龙须参差，四爪尖利，两眼电光，龙身虬曲，颇具质感和立体感。由此推测房虎卿可能在上海图画美术院学习期间接受了学院素描教学的训练，也可看出西洋传教士郎世宁光影画法的影响。房虎卿画龙驾云航海，往往在其周边围聚云朵，或衬以海水波涛，使龙的形象更加洒脱，显示上天入海、叱咤风云的神威。前人的龙画，多配以云水，从南宋陈容画龙的手卷中可以看到有险山云雾和湍急潮水的描绘，以烘托场景；房虎卿有些作品则绘龙于山川岩壑之中，不仅刻画细腻，而且很注重空间感的表现和气氛的渲染。房虎卿画龙在配景上也有其独创和发展，这是历代龙画中不多见的。

从古至今，相比于画虎、马等动物，专门画龙的画家并不多见。究其原因，与封建时代龙为帝王和统治阶级所专有，代表权力、地位，故而民间不流行有关。关于画龙，颇有讲究。如明人李翊《戒庵老人漫笔》中载有宣德帝出题考试令戴进画龙："戴本以山水擅名，非其本色。随常画龙皆四爪呈御上，大怒曰：'我这里用不得五爪龙？'著锦衣卫重治。"[15] 画龙本非戴进所长，他不识礼数，画给真龙天子"四爪龙"而非"五爪"，因而受罚。房虎卿身怀画墨龙之绝技，他的墨龙图颇受赞赏，但在"文革"期间房虎卿只画虎送人，有人向他求墨龙，他提出要由市文化局批准开具证明才画。"文革"之后房虎卿也几乎不再画龙，现在能见到的龙画多是其早期作品。

同时期寓居上海的同邑画家谈云观尤擅墨龙，被誉为"墨龙高手"。房虎卿画龙与谈云观齐名，并称"毗陵双龙"。房虎卿画墨龙大气磅礴，乌云蔽天，见头不见尾，飞龙在天之威让人产生一种敬畏之心、肃然之情。龙以其非凡的气势和神行变化无常，寓示着远大的理想和精神追求，是中华民族的象征。房虎卿画的墨龙在学习宋人的基础上，有其独特的艺术创造，体现了中华民族的气质与审美观。

15　[明] 李翊《戒庵老人漫笔》卷一，明万历刻本。

画虎形神兼备重骨法

中国有崇尚虎的文化传统，"龙腾虎跃""虎踞龙盘""虎虎有生气"，这些词语象征着生气与活力，以及宏伟的风范与气度。勇猛威武的兽中之王，虎姿气势体现出雄健和力量的美；虎又可激励斗志，镇恶辟邪；虎与福、富谐音，还可作为吉庆祝寿、寄情寓意的祥瑞之物。虎文化丰厚、深远的积淀渗透在中国人价值观念、审美等许多方面。

在民族绘画中虎的形象源远流长，商周青铜器的纹饰，秦代的虎符，汉代瓦当和画像砖、画像石的雕饰，以及敦煌壁画中都有虎的生动形象。这些虎的造型经过了艺术性的处理，充满了动态美和装饰意味。中国人喜爱老虎，大概在唐代出现了画虎名家，如李渐善画虎，五代董源兼工牛、虎、龙、水，宋人厉归真善画牛虎，赵邈龊也工画虎，明代的赵廉、商喜、戴进等人，以及清人高其佩等都有画虎的名声。

中国早期的绘画理论认为画兽难画狗，又有"画虎不成反类狗"[16]之论。狗固然难画，画虎也未见容易。古人之所以提出狗难画，是因为狗在日常生活中常见，若画不真实，稍有差错即可被辨识出来。古代受条件制约，没有动物园，日常是见不到真虎的；而在深山老林、荒僻郊野，纵使见到真虎，恐怕也容不得有写真的功夫，更不敢靠近观察。因而，宋元人画虎只可依猫之形体进行描摹和想象。显然，以猫的形象画虎，动态是不自然的，故有"画虎类猫"之说。《宣和画谱》中就有这样的记述："常谓猫似虎，独有耳大眼黄不相同焉。"[17]是把拟猫画虎看作心意寄托的游戏而已。五代石恪《二祖调心图》即提供了当时绘画中虎的形象，画上一伏虎罗汉，虎约略描绘，很难谈得上形似。可见，在画虎的形似方面，古代画家未必能够达到。

到了近现代，涌现出何香凝、张善孖、熊松泉、高剑父、刘奎龄、朱文侯、赵少昂、杨善深等一批以画虎驰名的画家。为了深入观察老虎的生活习性，画家冒着风险深

---

16 《后汉书·马援传》。

17 《宣和画谱》卷十四《畜兽二》，长沙：湖南美术出版社，1999年，第308页。

2 龙虎并雄：龙、虎与畜兽题材

入森林，在老虎出没的地方观察和写生。不但如此，他们甚至养虎，与虎近距离接触，如张善孖曾饲养小虎，细加揣摩。故而通过观察写生，画家笔下的老虎姿态较多，造型也更为准确，富于变化。而有了动物园之后，画虎就容易多了，画家可以在动物园对猛兽细心观察。甚至通过默识心记，把老虎的骨、肉、神气熟记于心，做到胸有成竹。因此，今人对虎形象的把握是胜过古人的。

虎是猛兽，形象可畏，不仅得其形似，更需得其威仪、传其神气，尚非易事。有谓："盖气全而失形似，则虽有生意而往往有反类狗之状。形似备而乏气韵，则虽曰近是，奄奄特为九泉下物耳。"[18] 善形似而气韵俱妙，能使近似而有生意，这才把虎画活了。画论中对画虎之法也多有总结，清人郑绩说："虎为山兽之君，状如猫而大如牛，毛黄质而黑章，锯牙钩爪，四指不露甲，须健而尖，舌大如掌，满生倒刺，项短鼻齆，眼绿如灯，夜视则一目放光、一目看物，声吼如雷，风从而生，百兽震恐。白虎曰魃，黑虎曰彪，伏则尾垂，昂立尾竖。先写其形影，次用黑点斑，而后渲染赭黄，俟干，加须点睛，以取威势。"[19] 从房虎卿所画的虎来看，已然具备了精湛技巧，对虎的骨骼、肌肉、结构了然于胸，应已掌握了透视和造型技法。他不仅属虎，也擅长画虎，笔下虎的各种动态都栩栩如生。

近代张善孖画虎是一个高峰，画名尤著。张善孖（1882—1940 年），名泽，张大千仲兄，四川内江人。善山水、花卉、走兽，自号"虎痴"。少年从母学画，曾拜李瑞清门下；后东渡日本留学，研习美术与印染技术。回国后与张大千同寓上海，专志绘画，并与黄宾虹、马企周等八人组织烂漫社，兼任上海美专教授。之后寓苏州，常往返上海作画、会友。在其所居网师园豢一虎，蓄鹤三，以供写生，日徜徉其间，食宿与共，朝夕观察。他将饲养的乳虎呼作"虎儿"，对其一举一动细心体察，心摹手追，付之笔下，故其所作，深得天趣。他画的虎造型、线条、笔墨都有相当功力。而从房虎卿所作《虎猴图》（图 7）来看，芦草丛中的老虎受张善孖的影响较为明显。虎的动态表现尤妙：压低头颈，背部拱起，两前肢一着地，一抬起，蹑步前行，虎

---

18 《宣和画谱》卷十四《畜兽二》，长沙：湖南美术出版社，1999 年，第 303 页。
19 [清] 郑绩《梦幻居画学简明》卷五《画论兽畜》，清同治三年（1864 年）刻本。

图 7 虎猴图 91cm×45cm

尾亦伸直，呈蓄势待发之状。虎身周围芦草掩映，用笔松动流畅，画面上方的松枝上还蹲有一猴，环顾四周，眉眼间露出警惕的神情，情节紧张而有趣，画得极为生动。可以看出，这件作品用笔舒畅，作画时情绪、心意自然流露，当属房虎卿早期作品中的精品。

房虎卿所作《画扇册》（23cm×52cm）其中一开《山壑虎威》[20]（图8），注重虎的造型，形态准确，与张善孖相比则更带有写意的味道。这件作品的特点是以带写意感的笔法绘虎，使用传统泼墨法，虎的斑纹与其全身之黄色皮毛相互融化，呈现毛茸茸的触感；茂密的丛草也用破墨法，产生浓淡变化和虚实层次，画面富有生气。《画扇集》（25cm×52cm）之另一开《虎啸山涧》则使用了工笔和写意相结合的方法，崖石上野草摇曳，猛虎张开大口，露出利牙，虎视眈眈，一副桀骜不驯的姿态，显示出凛然不可侵犯的精神。可谓形神兼备，栩栩如生，尤传达出老虎凶悍的特性。作于20世纪60年代、今藏江苏省国画院的《下山虎》（图9）亦能看出张善孖的影响，芦草丛中的老虎斑纹墨色有浓淡，与全身之黄褐色湿时渗化，将传统中国画的没骨画法与西方水彩画中的"湿画法"结合起来，因而色墨交融而生动，准确地表现出老虎皮毛的质感。芦草用水墨，点苔先用墨，再用石绿。猛虎下山，飒飒风声，传递出山君的威力。

虎是兽中之王，一啸风生百兽惊。猛虎啸月，即是画虎的主要表现题材。房虎卿绘《月夜虎啸》扇面（1945年）中一立虎雄踞山巅，引颈展颚长啸，山鸣谷应，神威俱现。昔人尝言："虎之威力，全在前身，故头大肩阔，腰胯较细。"[21]此虎乃上山之态，重心落在前身，两只前脚有力，显示出怒时爪甲显露之状。虎采用抬头望月的姿势，虎尾与头部相呼应顾盼，增强老虎的动势。虎纹则按全身骨骼和肌肉凹凸起伏变化而描绘，有粗细顿挫之变化，尾巴环状墨纹，尾末端为白色，尾尖为黑色。画家在形体的把握上是准确的，技法也较为娴熟。画面并饰以松枝明月，烘托出暮色暗沉的景象，显得宁静深远。房虎卿《画扇集》（25cm×52cm）之扇面《虎

---

20 影印于《江苏画刊》1982年第1期。

21 [清]高秉《指头画说》，见黄宾虹、邓实编《美术丛书》第一册，南京：江苏古籍出版社，1986年，第442页。

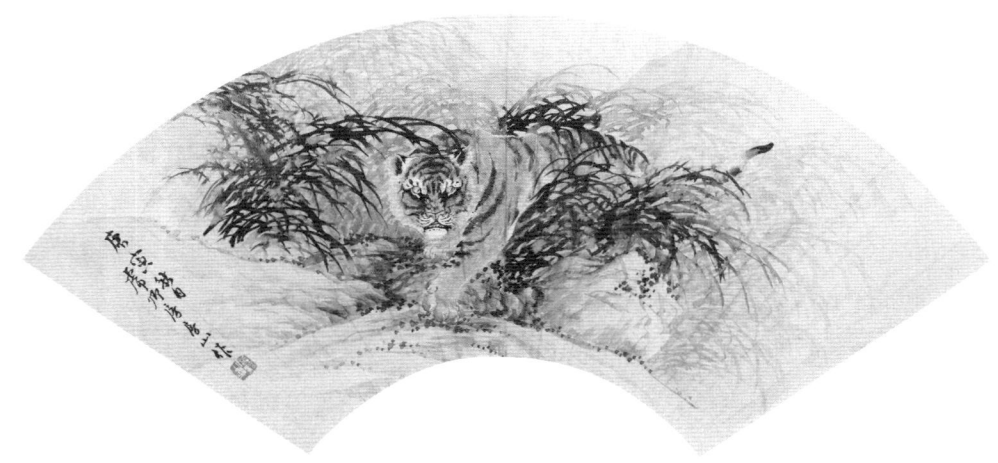

图 8 山壑虎威 23cm×52cm 1950 年

图9 下山虎 115cm×45cm 1965年

啸松月》（图10）构图上虽与上图比较接近，但老虎取背向引首之姿，姿势表现尽显妙处，蓄积的力量聚于后脚，似身将远跃，很有动感和强劲之势。虎眼炯炯有神，添写虎须与眉毛用笔劲健，虎尾长而有力，弯曲有势，一身斑纹毛色，尽显山君盎然的生气和勇猛的精神。崖壁间的虬松与虎的姿态互为生发，淡淡的远山和轻墨烘染的新月衬托出遥远的感觉，好似听到了啸声在山谷中回荡。另一开扇面《山君望月》（25cm×52cm）则绘一虎伏崖，对眼、鼻、口、耳、须眉、脚、躯体、尾、斑纹等均仔细刻画，勾染斑毛工细，虎的形态逼真，与周围山石背景协调融合。

在中国，龙与虎往往是最佳搭档，隐含降伏鬼怪、飞黄腾达、锐意进取等含义。风雨龙虎斗也是龙虎画的一个重要表现内容，表现龙腾虎跃、云龙风虎、龙虎相争的叱咤雄风场面。房虎卿对这一题材也多有描绘，如《龙虎图》（图11），作于熟纸上，左下方扭身对天长啸的老虎和右上方腾云盘旋的苍龙形成呼应之势，只见波涛汹涌，风驰电掣，天地瞬间激荡，叹为一绝。画面构图别致，虎造型姿态威武，画家以山水烘托萧萧风起、云水相生的气氛，把猛虎下山、蛟龙出洞的威势渲染出来。从绘画风格及艺术表现来看，当属房虎卿较为早期的作品。《风云际会》（52cm×92cm，1945年）也表现了龙虎风韵，画上云雾中有条时隐时现的墨龙俯视，山崖上的老虎也昂头注视墨龙，风从虎，云从龙，虎啸风生，故有风云际会之意。《虎啸龙吟》（图12）绘松涧双虎，虎跃跃生动，画中未出现龙的形象，但有虬松、流泉，寓意为龙，取松声泉韵、仿若龙吟之意，使画面别有旨趣。

房虎卿画虎的擅长之处，还在于对周围环境气氛的烘托渲染。《其乐融融》（66cm×136cm）绘的是母子虎，山林微风，飞泉激响，用笔轻松流利；乳虎天真烂漫，稚气可爱，偎依着母虎，母虎舐犊之情跃然纸上。通过题款可知，画家借以抒发纵使虎性凶悍，但人类之不慈不孝者且兽类不若的主题。《万壑风生》[22]（图13）画一吊睛白额虎，侧身回首，张开大口，似闻吼声震山岗。老虎的姿态刻画也十分准确，笔墨干湿互用，粗细相间，极好地表现了虎毛的质感，生动表现出老虎身躯的灵巧

---

22 影印于人民美术出版社编辑部编《江苏省国画院作品选集》，北京：人民美术出版社，1987年，第15页；赵绪成主编《江苏省国画院藏画选集》，苏州：古吴轩出版社，2002年，第40页。

图10 虎啸松月 25cm×52cm 1974年

图 11 龙虎图 92cm×33cm

图12 虎啸龙吟 133cm×65cm 1959年

图 13　万壑风生　142cm×81cm　1960 年

2 龙虎并雄：龙、虎与畜兽题材

劲猛，画出了虎的骨力气势。虎的描绘依然带有张善孖的味道，但画中作为背景的山水显然是房虎卿自己的面貌。在背景处理上，也见构思巧妙。以苍崖、松林作陪衬，环境险峻，山岩洞穴的钟乳石别有洞天之象，以淡花青烘染的圆月悬空被崖壁遮盖一半，再加上虎皮毛的黄褐色，以及石绿、汁绿、赭石染就的山石，朱砂点染的夹叶，使得画面生机勃勃，彰显出老虎凛然不可侵犯的气质。《深山虎啸》（90cm×33cm）画一虎眈眈顾视，陡峰插云，深壑松林以水墨写意的笔法绘就，一片森厉之相。《虎啸山谷》（图14）除老虎以工细的用笔描绘外，更注意到背景和空间的营造，峭壁和山石用侧锋皴擦渲染，笔法更趋疏放。《山君图》（图15）亦是其晚年的作品，用笔放逸，精神饱满。作为山之君，兽之长，画面上的老虎，威风凛凛，蹲踞石上，岩洞深邃，气氛也使人顿觉有几分胆寒。

民国初年，张善孖画虎已经出名。随后，房虎卿画虎亦有名声，同其所画墨龙并称两大题材兼善，在上海滩享有盛誉。故有评论称其"画虎绘龙更觉风云生于毫端，叱声起于纸上，生动淋漓，尤称神技"[23]，其乡人也因此称他为"房老虎"。董桥散文《旧日红》里记载了三十多年前春绿馆中旧事：穿丝绸旗袍、插翡翠发簪的萧姨是苏州人，嫁给华侨巨富但守寡多年，家里藏了一柜子清末民国初年大小名家的精品。她曾对董桥说："萧姨改天写信到上海找人请房虎卿替你画一柄武松打虎！"[24] 可此话多年未兑现，董桥心中暗怨，后只买到房虎卿两柄折扇，一柄画清秋佳品，一柄画云龙山虎，引以为憾事。事过境迁，直到某日他的老师忽然寄来一柄残旧的折扇，是民国初年名头不大的画家画的武松打虎，还有一封短简，提及旧事，忆起萧姨曾经的许诺，因而代萧姨买下此扇。从这段记述来看，房虎卿画虎在当年的上海滩还是颇负声名的。

画虎要掌握其动态规律，虎有上山、下山、奔走、站立、蹲、卧、睡、啸风、饮水、渡河、追逐、嬉戏、搏斗、舐掌等各种动态，既有全身活泼、灵敏轻快之态，也有挺身翘足、勇敢无当之概。因而，画虎定要画出老虎凶猛强悍的特性，虎毛的用笔

---

[23] 《房虎卿画品别具风格：展览会中所见》，《大公报》（天津版）1936年5月6日第13版。
[24] 董桥《从前》，北京：生活·读书·新知三联书店，2002年，第6页。

图 14 虎啸山谷 95cm×35cm 1974 年

图 15 山君图 86cm×45cm 1975 年

要劲峭有力，造型姿态要威武得体，画得逼真。从以上芦丛行虎、猛虎啸月、风雨龙虎斗、深壑虎威等不同主题的虎画作品中，可以清晰地窥见房虎卿画虎的娴熟技巧。他的虎画在意境上作了不同的开拓，形似与生韵兼而有之。

畜兽画精工逼真富巧趣

画史上擅画马牛、虎豹鹿豕獐兔以及犬羊猫狸者，不乏其人，故《宣和画谱》专列"畜兽"一科。自晋以来，凡画畜兽最优胜者，画马晋有史道硕、唐有曹霸、韩幹，宋有李公麟；画牛唐有韩滉、戴嵩，五代有厉归真；画犬唐有赵博文，宋有赵令松；画羊五代有罗塞翁，元代有赵孟頫；画猴宋有易元吉。而因文人画的发展，自宋以后，畜兽画便少有问津，及至20世纪上半叶，在绘画商品化大潮和世俗化审美趣味的推动下，这一画科又取得了较大的发展。海派画家中，如张善孖、熊松泉、朱文侯、戈湘岚、殷梓湘、蔡鹤汀、蔡鹤洲等人，均是以擅绘狮、虎、熊、马等走兽题材著称的名家。但十数种兽畜能尽其状者，世所少有。房虎卿恰在这一画科上体现了他超群的能力。

房虎卿作有一套生肖屏条[25]（图16），从画上题款可知，是辛巳年（1941年）春夏之间作于上海，分别绘有五牛、五虎、五龙、五马、五羊、五猴、五鸡。每件作品均为绢本设色，尺寸一致，画法接近，作画时间由春入夏。这套作品现存并不完整，或可推断，很有可能描绘的是十二生肖。而"五"和"福""富"谐音，每屏每一生肖数量为五，取吉利之意。

屏条中《五牛图》绘夕阳西下，劳作了一天的牛三两结伴踏入河中泡澡。牛是农耕文明的标志性劳动力，代表着风调雨顺、国泰民安，唐画家韩滉也作有《五牛图》。画中有黑牛、黄牛和杂花牛，动态不一。《五虎图》绘深山松壑间猛虎出动，虎色有黑、白、深褐，虎的体态、造型准确生动。《五龙图》绘五条龙于江河崖间嬉戏的景象，

---

25 其中六屏影印于《当代中国画名家作品集》（第九辑），天津：天津人民美术出版社，2014年，第123、125-129页。

2 龙虎并雄：龙、虎与畜兽题材

龙有隐于石洞、趴在山岩、踊水翻波、行云施雨之不同形态。《五马图》中马散见于郊野溪边翠柳下，饮水、休憩、地上翻滚，毛色不一，姿态各异。《五羊图》中绘苍松坡石，羊或立或卧，或食草休憩。羊，古同"祥"，吉祥之意，羊是美、善、祥瑞的象征。《五猴图》中遒劲的老松上一猴子蹲坐，其余皆攀援在长悬的松枝上，手脚相连，动作灵巧，似在呼唤打探，表现生动。山涧水流潺潺，悬挂天边的月亮凝视大地，烘托出画面的意境。猴的谐音为"侯"，侯是古代的爵位名，为五等爵位的第二等。所谓"封侯拜相"，猴具有了加官封侯的象征。古人崇尚鸡，视其为凤的化身。鸡被誉为五德之禽，常见于绘画。《五吉图》即绘农舍院落鸡鸣相呼的景象，寓有平安、吉祥之意。

以上作品除了龙须加以想象，其他的畜兽都是现实中可见。房虎卿在画面中表现它们的生活形态和习性，造型生动，形象真切。这些生肖被赋予含义，托物寄情，具有吉祥和祝福的美好寓意，体现了中国人特有的民族精神和文化艺术形式。每一条幅构图均有变化，物象与场景配置得宜。可以看出，画家画得极为认真，笔致缜密，设色秀妍，畜兽造型准确，形神兼备；并吸收了西洋画法，兽畜的身躯、树干等有体积感、光影感，画面空间的表现也融入了透视法。从这些艺术表现可以看出，房虎卿吸收了前辈程璋的画法。程璋（1869—1938年），字德璋，号瑶笙。原籍安徽新安，移居江苏泰兴，后寓上海。早年为学徒，后从杨润之学画，宗没骨花卉，中年后变法，参用西画明暗透视法，自创新貌。曾于清光绪三十二年（1906年）参与发起成立豫园书画善会，又与杨逸、汪仲山、朱文侯、沈心海等参加宛米山房书画会并任会长，还参加了上海书画研究会，是近代海派名家。他能画山水、人物，尤以花鸟、走兽为精。画善写生，讲究阴阳向背，将写生与传统笔墨熔于一炉。房虎卿与程璋同寓上海，又有交集，受其影响也是情理之中。

中国画受到西洋画风的影响，可追溯到明清之际。万历年间（1573—1620年）西洋传教士利玛窦泛海东来，携来的富有明暗凹凸感的绘画显得逼真又生动，一时出现了兼用西法模仿外来画风的作品。康熙五十四年（1715年）来华的意大利传教士郎世宁兼通绘事，以西法写走兽、翎毛、花卉，为康熙、雍正、乾隆三朝帝王所欣赏。艾启蒙、贺清泰等传教士相继进入宫廷，海西画法盛行，画人争相仿效。清

五牛图　　　　　　　　　　　　五虎图　　　　　　　　　　　　五龙图

图16　生肖屏条一　131cm×69cm　1941年

五马图　　　　　　　　五羊图

五猴图

五吉图

图 16　生肖屏条二　131cm×69cm　1941 年

2　龙虎并雄：龙、虎与畜兽题材

　　光绪初年，珂罗版印刷术传入中国。珂罗版印刷术是人类知识积累和传播发展中重要的里程碑，其图像记录与复制技术所传递的信息更为直观、丰富。上海有正书局首先采用此技术印制印刷品，此后，珂罗版技术在印制手稿和复制绘画、墨迹、碑帖、古籍善本等方面，显示出特殊的魅力，具有逼真传神、保留笔墨神韵的特点。可以想见，随着珂罗版印行，珂罗版画册越来越多，民间也渐有机会看到清宫廷绘画，而郎世宁等西洋传教士作品中中西合璧的写实技法，易于被世人接受。虽然清初常州出现过鉴赏力不错的收藏家庄冋生[26]，但在民国这样的藏家已不多见，因此可以推断，房虎卿在常州不容易看到历来兽畜题材的原作，珂罗版印制的画册以及同时代前辈的影响，是他学习画法的主要途径。清画院郎世宁的畜兽画作品注重规矩格法，重视造型，有立体和光影的表现。房虎卿这套生肖屏条充分显示了他学习西洋画法中立体感的表现和焦点透视法，因而，加强了画面上所表现物象的真实感和远近效果。

　　房虎卿还有一件生肖作品也是绘于20世纪40年代的上海。十二生肖的起源与动物崇拜有关，是与十二地支相配的十二种动物。生肖作为历史悠久的民俗文化符号，在我国民间文化中有着丰富的传统，融合于民间的信仰观念中。房虎卿作的这件《十二生肖》（图17）尺幅近五尺，以山水为主体，将十二个生肖绘在一张作品中，形成有情节性的内容。只见近景的山路上，人骑马狩猎归来，一犬吠叫相迎；远处的茅舍边，有鸡踱步，羊食草，栅栏里还圈养着猪；山路延伸到天际，又见一人骑牛牧归，显示出山野田家的生活气息。而崖边深壑间山泉涌出，巉岩林立，其间野兔食草，老虎趴伏打盹，猴子眺望远方，盘根错节的松树上，有爬跳的松鼠和盘绕的蟒蛇，天边浓厚的云层中墨龙隐现，景象动静咸宜，具有野趣。画面结构严谨，开拓出广阔、妙趣盎然的意境。画上别出心裁的是，以松鼠代表十二生肖中的老鼠，取音同字不同，大概老鼠形体过小，画于其中难合比例不易发现之缘故。画中的各个生肖，既显示了动物的本性，也表达了画家对它们的想象。"十二生肖"合成一图，足见房虎卿精到的构思和出色的技法，体现了他畜兽画创作的极致。有坊间传闻民国时上海有

26　庄冋生（1627—1679年），字玉骢，号澹庵，武进人。顺治四年（1647年）进士，仕至右庶子兼侍读。工诗、古文辞，善书画。

图 17　十二生肖　149cm×82cm　1943 年

2　龙虎并雄：龙、虎与畜兽题材

一人家十二生肖俱全，凑齐十二生肖实属不易，算是奇事，于是想请上海滩上画动物的画家为他们量身定制作品。但十二种生肖兼能之人并不多见，最后打听到最合适的人选就是房虎卿，只有他能胜任。从内容来看，房虎卿这幅《十二生肖》极有可能就是当年的那件受托之作。

房虎卿绘畜兽画不惟工细，也有运用写意性的笔法。如《大吉》（38cm×65cm），描绘的是温情脉脉的子母鸡，笔墨轻松酣畅，画面明润。母鸡颈脖及背部的毛用笔蓬松，有华新罗之笔法，篱落丛草的用笔又有几分任伯年的笔意，说明房虎卿善于学习前人，并能在结合前人技法的基础上自出机杼。

"十二生肖"题材在民间绘画中较为常见，但文人画家却较少绘及。究其原因，一方面，龙、虎、兽畜，与文人雅士所崇尚笔墨情趣、脱略形似、抒发性灵、恬淡雅致的追求有出入；另一方面，也缘于描绘这十二种动物不仅要求形似，还要求生动与笔墨表现，要想熟练掌握并非易事。房虎卿是职业画家，作画题材及取法必然与其身份和卖画为生的生活状态有密切关系。靠鬻画为生，作品题材上应要谐俗，达到雅俗共赏，以符合市场需求；同时，出于自创风格的需求，他往往能匠心独运，将物象描绘得真实生动，显示出扎实的造型能力和写实功底。

3

取法中西：蔬果花鸟
写生与创作

房虎卿的蔬果花鸟作品源于对生活的捕捉和表现，恬淡味腴，生意俱足。他精于写生，汲取西方写生情趣和色彩观念，复受恽寿平、虚谷、陆恢、丁辅之、张大壮等人的影响，尤其对近代名家吸收较多，体现出其谦虚与善学，取诸家之长，融古今笔法。在沪的生活经历，使他的蔬果花鸟接近海派画风，色泽明快清新，自成一格，雅俗共赏。观其画作，着色深浅，生动鲜活，田园之趣充盈楮墨间，令人赏心悦目。及至晚年，时代风气使然，其用色由淡冶而变为浓烈饱满，雄健的笔力和厚重的画面效果体现出昂扬向上的胸中激情和时代精神。

精于写生传生意

　　房虎卿有农家生活的经历，耳濡目染，熟悉农村风物。年少时曾在院落种植蔬菜瓜果，栽花种草，了解灌溉，对田园瓜圃间的植物形态、生长规律悉心观察，平静的田园生活也激发了他作画的意兴。

　　关于蔬果题材，在宋代已成为独立的画科，所谓"灌园学圃，昔人所请，而早韭晚菘，来禽青李，皆入翰林子墨之美谈，是则蔬果宜有见于丹青也。然蔬果于写生，最为难工。论者谓郊外之蔬而易工于水滨之蔬，而水滨之蔬又易工于园畦之蔬也。盖坠地之果而易工于折枝之果，而折枝之果又易工于林间之果也。今以是求画者之工拙，信乎其知言也……诗人多识草木虫鱼之性，而画者其所以豪夺造化，思入微妙，亦诗人之作也"[1]。蔬果虽为平凡、朴素的题材，但是画好蔬果，并不容易。纵观房虎卿所描绘蔬菜、时令果品，往往勃勃生机，呼之欲出，显示出独到的功力。

　　房虎卿于1941年所作《瓜果图》（图18）中，各物象排列穿插自然，构图停匀，画风清新典丽、细腻精微。蘑菇、荸荠、胡萝卜、笋、橘、香蕉等蔬果以色彩皴擦，突出形质。可以看出，这是学习了同时代画家丁辅之的瓜果表现技法。丁辅之（1879—1949年），原名仁友，后改名仁，字辅之，号鹤庐，又号守寒巢主，后以字行。浙江杭州人，系晚清著名藏书家"八千卷楼主人"丁松生从孙，西泠印社发起人之一，

---

[1] 《宣和画谱》卷二十《蔬果叙论》，长沙：湖南美术出版社，1999年，第412页。

3　取法中西：蔬果花鸟写生与创作

近代篆刻家、书画家。寓居上海后，经常与吴昌硕、王一亭、童大年等相聚于海上题襟馆金石书画会切磋探讨，擅画花卉瓜果，画面色彩浓丽。图中房虎卿以传统没骨技法，运用朱砂、藤黄、赭石、石绿、汁绿等色彩，浓淡交错，描绘了不同果品的鲜润姿容。画上题道："自来研求六法者，有神似、形似之争。崇神似者，诋形似之作泥于迹象；尚形似者，讥神似之笔功力空疏。窃谓绘事繁复，以天地为师，在若山若水得乎其意，取乎其神。以物质为法，在若蔬若果，则不宜离其形而凭空结构，要于形似之外使睹之者可以止渴，可以忘饥。斯得之矣。"这段论述是房虎卿对传统绘画形神观的发挥，他认为所画的果品应给人以可视可感的真实性，信手点染之中，皆要有生趣，这是现实精神在他绘画题材中的反映。

《蔬果图》（图19）轴绘于绢本之上，打破时令的局限，描绘蚕豆、茄子、桑葚、杏、甜瓜、西瓜、枇杷、桃近十种蔬果，新鲜欲滴，笔法工雅娟丽，赋色清润。风格上可以看出受到清末民国初年画家陆恢的影响。陆恢（1851—1920年），字廉夫，原籍吴江，寄寓苏州，系吴门一带大家。青年时向同邑陶焘习山水，嗣后受业于刘德六，研习花卉蔬果之法，继随山阴（今浙江绍兴）任熊学画，得遇名家吴大澂、庞元济，亲见唐宋元明历代名画，技艺大进。频频活跃于海上题襟馆金石书画会、上海书画研究会，花卉山水各尽其妙，在晚清画坛上占有一席之地。房虎卿此画作中多种技法并用，以没骨渲染为主，辅以点、勾、写，有陆恢温润平淡、典丽深秀之致。题款曰："六月炎威盛，惟此可解渴。赚我怪丹青，许看不许食。"正与他的艺术观相合，主张蔬果画当极尽生动感人，栩栩如生。

房虎卿1958年所作《秋实丰盈》（图20）今藏江苏省国画院，也是从写生中来，以没骨法绘南瓜、藕、芋头、葡萄、石榴、菱角，物象的安排上大小、长短相错杂，画风则受陆恢影响较大。论者谓陆恢花果实得恽南田嫡派，一时无与抗手。从房虎卿所画石榴来看，绽开的外皮略带粗糙，里面的石榴籽红粉相间，颗颗剔透。画法与恽寿平笔下的石榴，如出一辙，体现出房虎卿对传统的学习与吸纳，由陆恢而上溯恽寿平。而他1959年所作同名作品《秋实丰盈》（121cm×47cm），图中也都是农家的丰收果实，滋润明艳，构图得宜。几不用线条勾勒，以色点写而成，反映出对恽寿平没骨画法的学习。

图 18　瓜果图　127cm×33cm　1941 年　　图 19　蔬果图　126cm×32.3cm

图20 秋实丰盈 104cm×46cm 1958年

20世纪60年代,房虎卿在江苏省国画院创作的一批蔬果图,亦颇多匠心之作。《山林收获富,田园佳味多》(图21)尺幅较大,题材广泛,如丝瓜、百合、红椒、蒜头、荔枝、莲蓬、苹果、柿子等二十多种,品类繁多。以没骨法并加以勾勒点染,色彩秾丽,鲜亮而不躁动,明润而不媚俗,瓜果飘香,令人满眼清新。画中果实累累,聚集成堆,有极塞实处,也有疏散贯通之处,虚实结合,构图别致。画面用的是很写实的手法,尤其是对苹果的描绘,个个饱满,果皮脉络清晰,也很可能是受到丁辅之的影响。《田园佳味》(图22)也是较为写实的、源于写生的小写意作品。如青菜叶正反之分和翻卷之态,萝卜表皮凹凸的质感和体积感,房虎卿都给予了细致刻画,说明他具备很强的写生能力。相比陆恢蔬果画构图中物象相对松散来说,房虎卿画作的构图更为紧密,布局严谨,他擅长将各类蔬果聚集于一堆,聚多散少,有穿插变化,富于节奏感,并在实中注意到虚处,显得生动耐看,画面精神团结。《秋实丰收》(图23)在构图上也属于紧凑密实型,倾斜的篮筐中果实装满溢出,设色润泽,各色果品红绿紫黄相间,体现出清新自然的和谐美。再有如《枇杷》(115cm×43cm,1961年)和《石榴》(108.5cm×41cm),笔简意赅,兼融色彩、水墨之韵味,用色清雅。一般而言,高龄画家因眼花手抖等年龄障碍,作品会越画越粗放;房虎卿则不然,从以上作品来看,其古稀之后所作依然工巧细致,描绘细腻,故有其笔无老态之评。

以上蔬果题材均为大尺幅,构图注重取势,置阵布势疏密妥贴,开合自然。因而,就经营小幅画作来说,房虎卿自能做到了然于胸,手到擒来,如扇面之类,小空间中稍加摆布,亦别具韵致。房虎卿作于1944年的扇面《消夏佳品》(19cm×53cm)以及《清秋佳品》(19cm×53cm)中汇聚了时鲜水果,都以较为写实的手法表现,带有写生痕迹。生动鲜活的果品描绘也参以丁辅之蔬果法,妍丽清润,清新俊逸,韵味风雅。房虎卿《画扇册》(23cm×52cm)中有八开绘有花卉蔬果,各开约作于1949—1951年间,桂花一开题曰:"清芬异品不凡材,簇簇金黄带露开。羞与群花争色相,仙根应自广寒来。"萱草一开题:"天爱长春人爱寿,北堂花好一斋荣。"桂花、萱草、绣球等花卉有恽寿平笔意,诗画互衬,相得益彰。螃蟹一开题诗:"菊瘦风前舞,蟹肥江上行。樽边秋兴好,画意与诗情。"常说蟹黄菊肥,螃蟹是中秋重阳时节餐桌佳馔,文人对螃蟹情有独钟,多有吟咏,画家如沈周、陈淳、徐渭、

图 21 山林收获富,田园佳味多 144cm×82cm 1960 年

图 22　田园佳味 67cm×144cm 1960 年

图 23　秋实丰收 67cm×143cm 1960 年

3　取法中西：蔬果花鸟写生与创作

傅山、任伯年、齐白石、朱屺瞻都擅描绘。房虎卿此开菊花和螃蟹有边寿民画韵，螃蟹形态准确而生动。其他如白菜、萝卜、玉米等，各物象均有写生的味道，说明画家注重对形的把握和控制。

江苏省国画院现存一套房虎卿《写生画稿》（26cm×36cm），绘田地里的蔬果植物。速写稿以线条勾勒，或稍加素描明暗，表现出体积和前后关系，并有与之对应的墨稿，浅设色或水墨，如白菜、蓖麻、各种菊花。其中慈姑、冬瓜、红薯、芋头几组画稿中，将物象形质表现得很到位，讲究体积感与分量感的表现，体现出较强的写实能力。画家有意识地摆布各物象，在构图中较好地处理了大小、疏密、层次等关系。画稿中也有较为工致的白描勾勒，施以淡墨晕染，如卷心菜、棉花等。其中有一组写生稿绘两棵不同形态的苏州青，线条流畅娴熟，创作时将写生的这两棵青菜组合在一张画中，重新构图，青菜以没骨法绘就，叶脉以墨线勾勒，说明画家注意到在写生中提高构图能力。从石腊红、雁来红的画稿中，也可以看到房虎卿通过写生的过程提炼出表现物象的笔墨语言。画稿还绘及茄子、高粱、向日葵、桂花、枇杷花、玉米等，日常生活中接触与观察到的寻常风物，在房虎卿的笔下，以写实的方式传递着泥土气息、田园风味。

从房虎卿后来创作中所描绘的青菜、冬瓜、玉米、茄子、菊花、桂花、芋头等物象来看，基本源于平时的写生。房虎卿曾在上海图画美术院即后来的上海美术专科学校学习过半年，该校创建之初仅有绘画一科，专攻西洋画，后改为西洋画科。新式教育既行，从《写生画稿》中可以看到房虎卿曾经受到过素描基本功的训练。素描训练是使人眼、脑、手协调的最好方式，通过速写和素描，可以锻炼画者准确、细致的观察能力和造型能力，培养发现美、表现美的能力。所以他的画稿中有西画的影响，所描绘的蔬果也富有立体感。写生画稿为其小写意创作提供了许多生动的素材，这也就不难理解，房虎卿的蔬菜写生作品为何如此活色生香、富有天趣了。

房虎卿所作《册页精萃》（图24）共二十四开，其中有十二开绘萝卜、百合、莲藕、冬笋、荔枝、芋头、蟠桃、蒜头、山楂等，或每二三种素材组成一开，构图各见妙裁。第三开绘苹果、石榴，石榴依然取法恽南田，苹果更见立体感的表现，并题："各具甜酸性，同生冰玉姿。江乡好风味，采撷适其时。"顿见立意巧妙。第四开题：

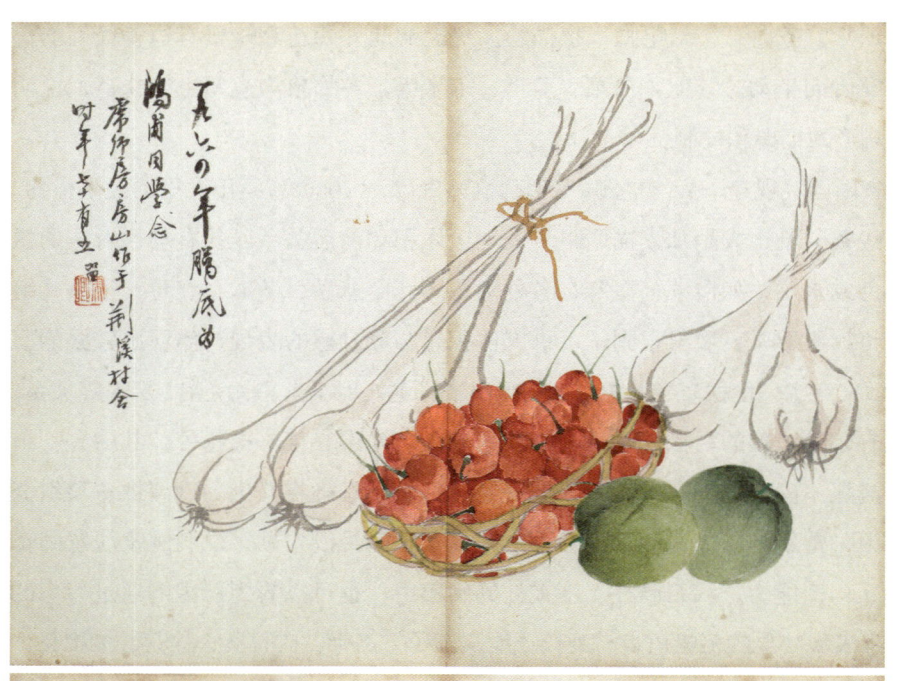

图 24 《册页精萃》之十二开一 25cm×33cm 1964 年

图24 《册页精萃》之十二开二 25cm×33cm 1964年

图24 《册页精萃》之十二开三 25cm×33cm 1964年

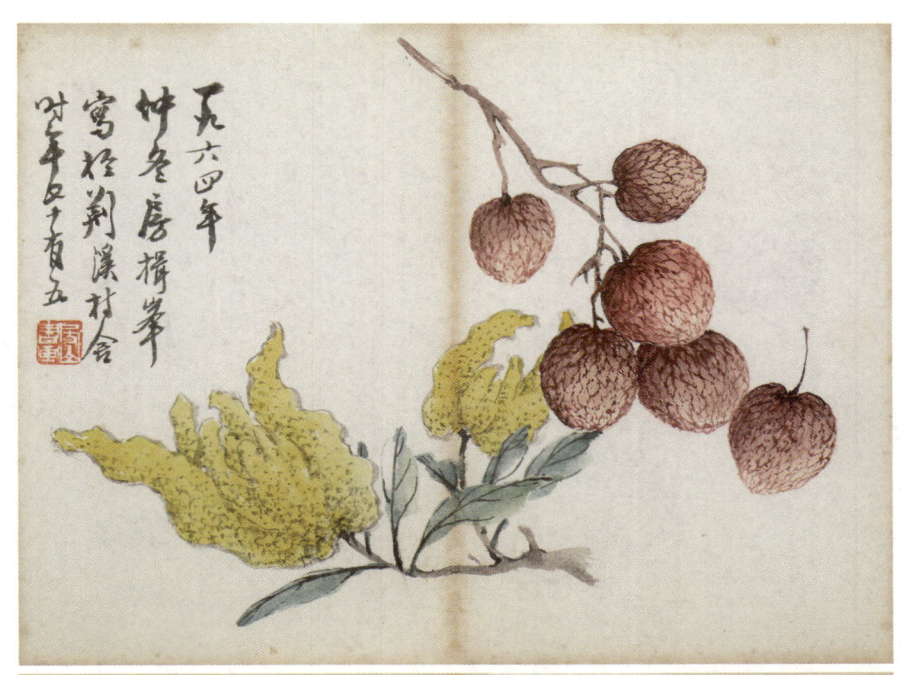

图 24 《册页精萃》之十二开四 25cm×33cm 1964年

图24 《册页精萃》之十二开五 25cm×33cm 1964年

图 24 《册页精萃》之十二开六 25cm×33cm 1964 年

"北门铁线冠吾常，无锡尝传白小娘。一种甜瓜皮肉细，街头新见蜜罗黄。写名山老人诗意，一九六四年冬日，虎卿房房山作。"名山，即钱振锽（1875—1944年），字梦鲸，号谪星、名山、庸人，晚署海上羞客，常州人。清光绪二十九年（1903年）进士，任工部主事。终生以读书、著书、教书为业。诗、词、散文、书法无所不能，是清末至民国年间的江南大儒。他培养了大批学生，其中谢觐虞、谢稚柳、程沧波、郑曼青、马万里、唐玉虬、养牧之等人均成为文化名人。《画扇册》（25cm×52cm）中有一开与此开同一画题，也是据同里前辈钱名山诗意画甜瓜。甜瓜又称香瓜、哈密瓜等，此两开扇面中所画甜瓜则是苏州前辈陆恢的画法，与房虎卿所画其他册页中的甜瓜手法亦相类。第五开题曰："莲藕菱生水，葡萄独上架。丹青惯弄人，欲吃摘不下。"图中葡萄的画法似丁辅之。第一开中的樱桃、梨，第七开中的荔枝等蔬果亦与丁辅之画法相类。册页中房虎卿运用没骨笔法绘染时令蔬果，艳雅动人，饶有生意，让人垂涎欲滴。册中并见有写生的影响，及取法恽寿平、虚谷、陆恢、丁辅之等人的技法，是其精心绘制之作，耐人把玩。

又如《画扇集》（25cm×52cm，约1957—1974年），从材质的差异和作画的不同时间来看，此套应当是房虎卿的扇面集册，且是其晚年所作。其中十一开作蔬果花卉，蔬果用没骨与小写意结合的手法绘就，体现了近代画家对其绘画技法的影响。除了上文所提到的房虎卿所师法的画家以外，第三开中西瓜的笔法与用色又取法于现代海派花鸟画家张大壮。张大壮（1903—1980年），原名颐，又名心源，后更名大壮，章太炎外甥，浙江杭州人。1916年到上海，随晚清名士李汉青学恽派花卉，从汪洛年习山水，又为吴兴大收藏家庞元济管理书画，得览名迹，画艺大进。偶作山水，喜绘蔬果，擅长虾蟹、黄鱼、蚶子、蛤蜊等鳞介题材。《画扇集》中其他如菊花、梅花、荷花、杜鹃等，既有工笔与小写意结合表现细腻的手法，也有较为疏放、简括淋漓的笔意。相比房虎卿的其他花卉蔬果作品，此册更为妍丽清润，明快悦目，可谓生动活脱，逼真而具神韵。

关于房虎卿的绘画艺术，除了其擅长的龙虎、山水题材，其蔬果画同样得到很高的评价。郑午昌曾评道："举凡山水、花果、龙虎、蔬菜，无所不能，又无所不精。

读之精神为之一振,是可以传世耳。"² 房虎卿的创作源于生活,平时十分注意四季蔬果的结构、形状、色彩,由于观察入微,领略其勃勃生机,进行了大量写生,因而他笔下的蔬果能够如此极态尽妍、生动鲜活。他于传统笔墨中创新画意,工写结合,技法娴熟。创作中多种技法并用,常以没骨法绘就,以渲染为主,辅以点、勾、写,用色优美,画面色彩浓丽明亮,隽逸清新,视觉效果上好似花草茂丛,蔬果飘香,令人赏心悦目。

博采广收陶冶出之

清末以来,随着经济文化中心南移,经过碰撞、吸纳、交流,以上海为中心的江南区域文化个性鲜明,充满生机,逐渐发展成为全国最大的书画市场。19 世纪末 20 世纪初,在上海这个东南都会、新兴城市,萌生了一个近百年来重要的绘画流派——海上画派,这是自清中叶以来"扬州八怪"之后一个具有活力和深远影响的画派,与"京津画派""岭南画派"共同构成了中国传统绘画变革、发展之初的中国画坛新格局。

关于"海派"这个名家如林的画家群体,蒋宝龄所撰《墨林今话》和杨逸《海上墨林》中搜罗宏富。绝大数海派画家为移民身份,他们在中国画面向市场、服务民众的历程中,进行了各种有益的尝试。出于生存需求和作为谋生的重要手段,决定了他们十分重视艺术与现实的关系,因而,其绘画题材具有浓郁的民间气息,如历史故事、反映客观现实的写实绘画、表现美好愿望的祈福作品,作品题材和用色上均体现了雅俗共赏的审美趣味。与传统绘画形态相比,具有商业化、世俗化、市民化的特点。当然,这样一种谐俗的绘画态度也不免造就迎合商人和世俗意趣的媚俗之作。随着近代社会的变迁,从中华民国南京临时政府建立到抗日战争全面爆发以前,上海是全国的经济中心,这个阶段经济发展相对平稳,文化艺术发展迅猛,艺术品商品化加剧,书画市场繁荣。而抗战全面爆发以后,战乱纷争和物价上涨影响了经济,波及书画创作与书画经营,书画市场也受到了影响。

2　1952 年郑午昌题房虎卿《画扇册》(23cm×52cm)。

图 25　富贵平安图　133cm×66cm　1927 年

图 26　岁朝清供　145cm×80cm　1930 年

上海画坛在现代化转型过程中经历了传统与变革冲突的时期。1919年吕澂、陈独秀在《新青年》第六卷第一号发表文章，提出"美术革命"的口号，主张以写实手段和西方的写实精神来绘画，从而引发变革中国画的问题。上海一向是中西文化交会的窗口，在中国社会的现代化过程中，随着西风东渐、中西融合的大趋势，上海地区的文化艺术受到西方文艺思潮的影响。至20世纪30年代，画种繁盛，美术院校、画会团体兴盛，出版信息传播，西画也长驱直入，上海画坛呈现出妍丽多样的艺术景观，中西交流的加速导致中国画和西画的融汇更为直接。民国之初，研究西画人士勃然兴起，拟藉西画改良中国画。得益于时代赋予的文化氛围和艺术滋养，"中体西用""中西融合"成为中国画坛的一大特色。民国年间诸多海派画家注重传统，不囿绳墨，善于吸收民间艺术和外来文化的长处，在写生的基础上锤炼笔墨，探求新的绘画语言。

早在清康熙年间，外来传教士郎世宁将西方绘画解剖、透视、光影等技法引入中国，洋为中用，中西合璧，熔中西画法于一炉，独创新画体，对宫廷绘画风格和审美趣味产生了一定影响。发展到20世纪，中国绘画史上出现许多中西融合道路上的早期探索者。在近代画坛，参用西法作画的如画家程璋，他主张作画必须详知所画物象性状，并参用西洋画明暗透视的画法，注重观察写生，改变了长期以来的文人画画法。如刘海粟，他创立的上海美术院倡导美术改革，使美术教育体制一改传统师承模式，而转向学院式的专业化教育。他西画、国画兼擅，其国画中也吸收了西画之法，大胆创造，以泼墨泼彩法画斑驳陆离的黄山烟云。又如画家陶冷月，擅长山水、花卉、走兽、游鱼，继而研求西画，尝试中西融合的探索，尤善绘中西合璧之月夜景色。在开创"新中国画"的历史进程中，不同的画家以各自的努力开拓出不同的艺术面貌。

在东西方艺术的不断冲突与碰撞下，产生了艺术上的融合，并引发了近代传统中国画在形式内容上的一系列革新。房虎卿不但具有传统国画基础，在他的作品中也融入了西方绘画的观念和技法，西洋透视学、素描等技法的介入皆有迹可循，水彩因素也成功地融入。在他的作品中可以找到一些西方绘画手法的痕迹，他能够吸收传统绘画中的积墨、积色、烘托、没骨等笔墨精华，又能融汇西画中的透视、设色、明暗、质感之法。在蔬果作品中,透露出清新的趣味,活泼的天机,以及明显的西画写生的痕迹,造型具有立体感。房虎卿的作品色彩鲜艳夺目,学习西方绘画中的冷暖色调,具有色彩明度与冷暖变化。当时身处上海的房虎卿也受到水彩画灵动色彩的影响,画面色彩鲜艳,变化丰富,体现出水彩技法因素的运用,出现了色与色之间的融合、渗透,产生水、墨、色之间相互融合渲淡的效果。在20世纪中期海上画坛倾向于雅俗共赏的潮流中,其作品受到社会各阶层的欣赏。

房虎卿1927年所作《富贵平安图》(图25)应为其从常州向上海谋求发展之际的作品。绘牡丹、红梅、水仙、柿子、灵芝、花瓶,画面雅致,为富贵吉祥、事事如意、素雅宁静之象征,代表着美好的寓意。《岁朝清供》(图26)是房虎卿于民国十八年(1929年)定居上海之后所作。"岁朝清供"是传统文人画题材,岁朝乃一岁之始,即正月初一;清供,即"清雅之供品",旧俗于节序或祭祀时,以茗香、花卉、素食、果品、文玩等为贡品陈设案头。清供图的形式又多配置以瓶花或古彝器,中插折枝花卉,所绘花卉主要有牡丹、水仙、梅花等。此立轴中绘新岁几案上供以品种多样的清雅物件,水仙、山茶、香橼、百合、柿饼、灵芝、冬枣这些零散的时令花卉果品错落地摆放,紫砂盆中水仙叶绿花繁,郁郁葱葱,青色瓷瓶中插有牡丹、红梅、天竺,旁有柏树盆景,画面构图饱满,疏密得宜,物象众多而安排妥贴。瓜果芬芳,清香四溢,有寓意平安、富贵吉祥、多子多福之意。画家把鲜艳丰富的色彩放在统一的色调中,画面既干净醒亮,又和谐整体。此两件作品中,瓷瓶和花盆都画得富有光感,在技法上与传统绘画不同,具有西洋画中的明暗表现,显示出西法的影响和探索精神。

房虎卿的作品从题材和表现形式上也体现出对海派绘画艺术的传承。如海派后期画家吴昌硕存世作品中蟠桃是常见的题材之一,他作有《寿桃图》《桃石图》《瑶池鲜果图》《三千年结实之桃》等。房虎卿也有类似主题的作品,如《千年桃实》(108cm×42cm,1940年),并有题诗:"开花结实,岁记三千。霞浆玉液,使君延年。"图绘两株穿插揖让的桃树,叶片疏密错综,累累桃实掩映其中,桃用或浓或淡的洋红点染。画面挥写淋漓,沉雄烂漫,有着典型的"海派"风格。《富贵根基图》(108cm×38cm,1948年,朵云轩藏)则画一丛根壮花茂的牡丹花,草丛坡石间还有两只鸡雏,画面以谐音取意,从题款来看,为庆贺之作,可谓雅俗共赏。

从房虎卿所作蔬果作品来看,写生的同时,学习和汲取前辈恽寿平、虚谷、陆恢、丁辅之,以及同时代画家张大壮的艺术表现,能写出生意,形质俱备。观其花卉,俱有韵味,墨色融合,光彩有致,画面颇为清丽,得明清遗规。如藏于江苏省国画院的《天爱长春人爱寿》(图27),此立轴与《画扇册》(23cm×52cm)中一帧萱草扇面题款相同。古人尊称母亲为"萱堂",萱草又名谖草、忘忧草。朱熹注《诗经·卫风·伯兮》"焉得谖草,言树之背"句,曰:"谖草,令人忘忧;背,北堂也。"意思为种植萱草在母亲的堂前,可排解她想念儿子的愁思。故而,后世把萱草与北堂联系起来。元代王冕有诗:"今朝风日好,堂前萱草花。持杯为母寿,所喜无喧哗。"[3]发挥了物象的比拟、隐喻、象征意义。房虎卿此作以萱草来形容母亲健康长寿,此类题材也是传统绘画中比德观的体现。吴湖帆认为其扇面册蔬果花卉写生"六法"咸备,"白云溪上南田翁不克专美矣"[4],给予了很高的赞誉。

常州历史上擅长花鸟题材的画家如北宋僧居宁妙工草虫,南宋于青言、元初于务道祖孙以画荷著称,明代孙隆擅以没骨法画花鸟,清代唐荧工画荷花,及至以恽寿平为代表的常州画派出现,在中国绘画史上声名卓著,并有清代"四王吴恽"六大家之称。常州画派,亦称"毗陵画派"或"武进画派",其名称最早见诸秀水(今浙江嘉兴)张庚所著成书于雍正十三年(1735年)的《国朝画征录》,书中论道:"及武进恽寿平出,凡写生家俱却步矣。近日无论江南江北,莫不家南田而户正叔,遂有常州派之目。"[5]正式为常州画派定名。常州画派后继有人,恽寿平弟子有马元驭、范廷镇、董瑜等人,他们学习并继承恽寿平没骨写生花卉画法,取得了一定的成就。其子孙后代如恽源浚、恽源景、恽怀英、恽怀娥、恽滇、恽珠、恽冰等,也纷纷效仿。房虎卿则承继了常州画派清逸、淡雅的画风,成为常州画派在现代的代表人物。

房虎卿作于1960年的《松梅图》(108cm×41cm,江苏省国画院藏)画两棵交错挺立的松树,下方横斜出盛开的梅花,互为呼应。1966年的《红白梅花》

---

3 [元]王冕《偶书》。

4 1952年吴湖帆题房虎卿《画扇册》(23cm×52cm)。

5 [清]张庚《国朝画征录》,见《中国书画全书》第十册,上海:上海书画出版社,1996年,第441页。

图27　天爱长春人爱寿　105cm×35cm　1958年

（121cm×41cm，江苏省国画院藏）以赭墨色和淡墨分别绘就遒劲的枝干，梅花用点染法和圈花法，树身苔点以墨打底，敷以石绿，画面构图停匀，色墨略显轻薄。松四季常青，梅高洁坚强，在新的时代房虎卿重新赋予传统文人画题材以积极的时代意义。《牡丹绶带》（132cm×58cm，1962年，江苏省国画院藏）画牡丹和绶带鸟，内容谐俗，寓意富贵长寿、喜庆吉祥，表达美好的祝愿。画面描绘工整谨细，设色浓艳，在题材和表现手法上与前两件作品形成了较大的反差。

今藏江苏省国画院的《松鹰》（图28）绘遒劲的松枝上站立一苍鹰，目光锐利，脚趾强健；浓墨或淡墨描绘松针后以花青勾勒打底，再着石绿，在其上复勾，青翠而茂密，使层次更为厚重丰富；远处以清淡的墨色烘染出圆月，渲染出意境，画面整体上工到和规矩。《青松》（图29）是房虎卿于20世纪70年代所作。画面主体为粗壮结实、傲然屹立的乔松，树皮斑驳，郁郁苍苍，一簇簇的松针在墨线勾勒之后以石青、石绿点染。左下角为一丛鲜艳夺目的红色杜鹃花，花朵繁密，热烈奔放。画面色彩丰富而厚重，富有万古长青、坚忍不拔、奋发向上的新时代气息。新中国成立后，在文艺为政治服务、为人民服务的政策指引下，使中国画创作有了新的内容要求，创作目的凸显其政治宗旨、道德核心的教化功能，充满时代特色。在绘画色彩观上也产生了变化，要求色彩突出，强烈鲜明，红的更红，绿的更绿，表现得更为绚丽和浓重。这是时代的需要，也是时代精神的体现。

房虎卿作画的面貌是较为多样的，他既学习传统，又受到同时代画家的影响，他没有局限于海派和常州画派的艺术范式，并能吸收西洋画的写生法和明暗透视法，于传统的基础上博采广收，而加以熔铸陶冶，在新的时代背景下不断探索新的绘画表现语言。因而，他描绘的蔬果、花鸟题材在推陈出新中展现出雅俗共赏、中西合璧的绘画面貌。

图28 松鹰 102cm×53cm 1965年

图 29 青松 95cm×45cm 20世纪70年代

4

由传统走向现实：
山水摹古与写景作品

在以花鸟、人物题材为主的上海画坛中，山水画艺仍是房虎卿所擅长。房虎卿的山水画延续清代"四王"传统，自清初"四王"入门，继而上溯宋元诸家，对古人心摹手追，有着深厚的传统功底。新中国成立后，在新的文艺政策指引下，他追求挣脱绘画格套，画幅脱古维新，直面现实，增加了勃勃生机，画风也有了较为明显的变化，在章法、形式及笔墨上适应新时代的要求。由于创作观念的更新，新生事物激发起创作的激情。他深入自然，钟情于黄山，描绘黄山的奇峰异石、云霭激流；他描绘社会主义建设成就，紧贴时代脉搏，彰显时代精神，创作了题材丰富、形式新颖的主题性作品，以讴歌新时代。房虎卿的山水之路经历了摹古、写景到创新的绘画历程，他继承传统，师法古人，又能师法造化，复借鉴西画，在表现技法上吸收了西法的透视、光影、设色等特征，借以丰富中国绘画的艺术语言，开拓了山水画的新风貌。

远师传统，近取今人

房虎卿初学山水从《芥子园画谱》开始，并着力于"四王"，掌握了山水画的基本范式。20世纪上半叶的晚清和民国时期，"四王"余风仍盛，"四王"一脉的精华多集中在上海、苏州等江南地区。不合时宜的传统文人画缺少现实气息，发展日益狭隘，因而山水画的发展过程中，伴随着新旧之争。尽管这一时期的山水画出现了开始融合西法的新潮样式，但是，许多山水画家还是从传统中走出来，对传统有着深入的体悟。

房虎卿1933年创作《夏山雨霁》（145cm×81cm），从自题中可知此本为摹写王翚。房虎卿从"四王"路子出来，但此轴的描绘与"四王"一路多用枯笔有所不同，以湿笔为多，画面笔墨华滋，清润秀雅。1941年的作品《万壑响松风》（178cm×94cm）也能看出受到王翚的影响，画面中层岩丛树，松涛阵阵，清泉奔涌，烟岚弥漫。这是古人常用的主题，如五代巨然、南宋李唐、明代文伯仁曾作《万壑松风图》，往往图绘山高水长，苍松挺立。万壑松风与高山流水之声相唱和，"高山流水"寓意钟子期和伯牙的知音传说，亦含有祝寿的意思，是受欢迎的题材。

4　由传统走向现实：山水摹古与写景作品

房虎卿所作《观瀑图》[1]（136.5cm×46cm）题款为："摹梅瞿山观瀑图。"取景奇险，以卷云皴画山石，苔点、松树的画法多为清初黄山画派梅清的意韵。此图与今藏辽宁省旅顺博物馆梅清的《龙潭听瀑图》[2]构图和内容基本一致，略有变化，体现出房虎卿在传统山水上对梅清的临习。《山光积翠》（130cm×68cm）尺幅较大，构图充盈，布景富有层次变化，牛毛皴、披麻皴、卷云皴、解索皴相参，表现出山石连叠、苍郁深秀的景象，是房虎卿学习王蒙繁密一路的作品。1958年所作《华岳松云》（图30）是房虎卿从"四王"入手学习和摹仿高克恭的作品。元画家高克恭字彦敬，号房山，诗塘俞剑华题曰："古今两房山，纵笔写云烟。后来必居上，直上华岳巅。"认为同画云山，房虎卿必将超越前人。俞剑华（1895—1979年），名琨，字剑华，另字玉愚，山东济南人。长期寄寓上海、南京，曾任上海新华艺术专科学校、上海美术专科学校、南京艺术学院等院校教授，同熊松泉、黄宾虹、马骀、张大千等人组织烂漫社，其所著《中国绘画史》《中国画论类编》《石涛画语录注解》《中国美术家人名辞典》等在学界具有深远影响，是新中国成立以来第一代美术史论家，同时也是一位一手拿文笔一手拿画笔、擅画山水的画家。诗歌题于1960年，此时房虎卿和俞剑华都寓居南京。画面中形象地描绘了烟云舒卷、云雾蒸腾的景象，与古人不同的是，房虎卿笔下的云山将西洋画法渗透于传统画法之中，更胜在表现出光照之感。只见近山右侧亭子和松林处，以及远山的山腰间，似被阳光照射和烟云笼罩萦绕，具有光影感，使幽远迷离的空间性得到了增强。另外，水墨与浅绛山水以外，房虎卿1974年夏日所作《山水》（14.5cm×46cm）成扇体现出对传统青绿山水的追溯。

除了师法传统，在山水的表现上，房虎卿也对近现代画家作了吸收与学习。《春风拂柳》（90cm×33cm，1971年）作于春日，正是踏青游春的好时节，柳树即是表现时令的重要内容。历来古诗文中以柳入题，歌咏不绝，唐代贺知章咏柳诗最为传唱，诗曰："碧玉妆成一树高，万条垂下绿丝绦。不知细叶谁裁出，二月春风似剪刀。"

1　影印于桂兴主编《民国书画3·山水卷》，成都：成都时代出版社，2015年，第56页。
2　著录于《中国古代书画图目》第十六册，北京：文物出版社，1997年，第55页。

图 30　华岳松云　80cm×30cm　1958 年

4 由传统走向现实：山水摹古与写景作品

此外，"杨柳依依""柳树池塘淡淡风""柳絮飞来片片红"等，都是吟咏佳句。在中华民族的文化心理中，"折柳""插柳""清明戴柳"等民间风俗是依依惜别、情意绵绵、春色长留、生机勃发的象征，也是历代山水画家常常描绘的题材。如"清六家"之一吴历的《湖天春色图》中点叶柳树是典型的江南画法，垂柳在春风中吐绿绽芽，随风起舞，摇曳生姿，再加上茵茵绿草，呈现出清丽秀润之境；山水画家、美术史论家郑午昌也善画柳，有"郑杨柳"之誉；清末民国初年颇负盛名的海派画家吴观岱人称"江南老画师"，也擅长画柳，房虎卿此作中的点叶柳用的也是类似的方法。吴观岱（1862—1929年），名宗泰，又字念康，后改字观岱，号觚庐、洁翁，晚号江南布衣，无锡人。性喜丹青，初师潘昼堂，壮年得同乡廉泉的帮助，偕去北京，得以结识京华名家，开阔眼界。后由廉泉荐入清宫如意馆当供奉，临摹历代名人手笔，并为光绪帝绘课本故事，声誉鹊起。曾在北京大学讲授画学，回无锡后，求画者众多，锡城名画家诸健秋、秦古柳均出其门下。从地理位置上说，常州距离无锡较近，房虎卿受到吴观岱的影响也是必然的。

房虎卿《画扇册》（23cm×52cm）其中有一开（图31）自题："临黄鹤山樵笔意。"扇页中王蒙山水的长线条、解索皴运用其中。虽明说是学元画家王蒙，但可以看出，房虎卿笔下的山水绘画面貌受到同时代无锡画家贺天健的影响。贺天健（1891—1977年），原名骏，字炳南，后改署天健，晚年又字健叟，斋名开天楼。曾任上海中华书局国画编辑等职，1921年与友人创办了无锡美术专科学校，1929年与王师子、谢公展、孙雪泥、郑午昌、陆丹林、钱瘦铁等发起组织"蜜蜂画社"，编印《蜜蜂画集》《蜜蜂画报》，1931年又与张聿光、姜丹书、黄宾虹、叶恭绰、吴湖帆、徐悲鸿、陆丹林、钱瘦铁、张大千等成立上海中国画会，担任中国画会主任委员，主编《画学月刊》及《国画月刊》。1949年后，为上海中国画院首批画师，著有《学画山水自述》。贺天健是一位传统功底深厚的画家，他精研古法，其山水从吴历入手，兼容石涛、髡残，上溯元代王蒙、南宋夏圭，重视师法自然。他的山水融入诸家皴法，讲究笔墨和造境，画风别开生面。从画面来看，房虎卿松树的画法受清代早中期影响，也带有贺天健画松的味道，布景构图亦类之，可以说，房虎卿是由贺天健而进一步接触王蒙。画中远山的造型及施墨之法则吸收了好友郑午昌的画法。郑午昌（1894—1952年），名昶，

图 31　临黄鹤山樵笔意　23cm×52cm

号弱叟，别号双柳外史、丝鬓散人、墨鸳鸯楼主等，以字行，斋名鹿胎仙馆。浙江嵊县人，寓居上海。曾任中华书局美术部主任，杭州艺术专科学校、上海美术专科学校及新华艺术专科学校等校国画教授。精画学理论，有《中国画学全史》《石涛画语录释义》《中国美术史》等著述。他擅画山水，往往在远山峰头上施用赭色，或以花青涂染。又如房虎卿所作《峰峦蠢画屏》（98cm×31cm），在构图、设色，以及丘壑的营造上取法郑午昌和现代画家应野平，得南派山水之秀润、清隽，格调明快。

房虎卿亦长于山水册页，现存《册页精萃》（图32）[3]共二十四开，其中十二开为设色蔬果写生小品，另十二开均为水墨山水，是房虎卿用心之作，堪称精品。按作画时间先后，此十二开山水是甲辰年（1964年）初秋至乙巳年（1965年）春陆续完成之作。每一开的构图不尽相同，说明房虎卿于画面经营位置上颇多着意，显示出娴熟的能力。

册页第一开题："仿唐寅笔意。甲辰新秋，虎卿房房山写于荆溪村舍。"房虎卿山水学王翚，旁涉诸家，此开自题仿唐寅，山石以折带皴兼披麻皴，偶用小斧劈皴，线条运贯勾皴，乃学唐寅拖泥带水皴。如其《画扇册》（23cm×52cm）中有一开作于己丑（1949年）秋日的山水，山石的皴法即由唐寅变化而来。第二开题："略师南田翁枯木竹石笔意。一九六四年冬日，鸿甫同学留念。房房山写于荆溪村舍，时年七五。"此中也点明了册页所赠之人。第四开题："拟米元晖笔意，房房山作于一粟庐。"第十一开题："仿王石谷江干七树图。甲辰腊月虎卿作，时年七五。"据清人陆时化《吴越所见书画录》卷六所载，王翚确作有《江干七树图》，且"江干七树"的题材古已有之，其内涵或与元画家倪瓒所作《六君子图》比拟君子德行相类。此四开为房虎卿追摹米友仁、唐寅、恽寿平、王翚的作品，渲染浅深均匀得益，说明他于传统一脉相研习而来。但依然可以看出，房虎卿所说的仿自某人，师法某家，都是经过自出机杼的艺术加工，表达的是对传统的体悟和自家意境。

册页第三开题："松阴泉瀑，房虎卿写。"第五开题："太湖之春，一九六四年冬日房虎卿写生。"第六开题："洞庭西山石公山来鹤亭，房虎卿作。"第七开题：

3　册页十二开顺序按作画时间先后重新排序。

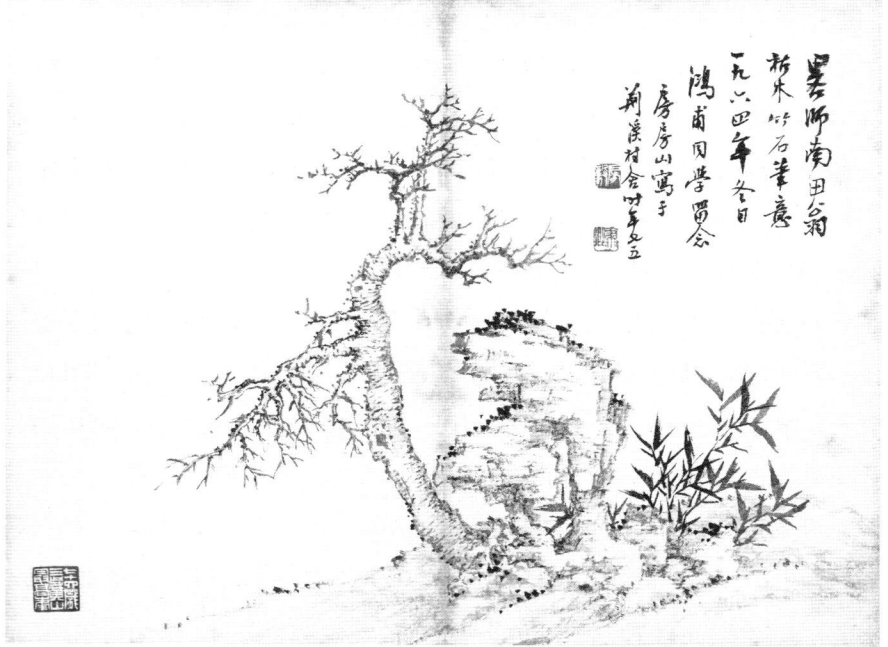

图 32 《册页精萃》之十二开一 25cm×33cm 1964—1965 年

图 32 《册页精萃》之十二开二　25cm×33cm　1964—1965 年

图 32 《册页精萃》之十二开三 25cm×33cm 1964—1965 年

图32 《册页精萃》之十二开四 25cm×33cm 1964—1965年

图 32 《册页精萃》之十二开五 25cm×33cm 1964—1965 年

图32 《册页精萃》之十二开六　25cm×33cm　1964—1965年

"苏州灵岩山,房虎卿写生。"第八开题:"一九六四年仲冬,房虎卿作于荆溪村舍,时年七十有五。"第九开题:"黄山小心坡一角,房房山写。"这几开是其赴江南水乡、太湖、洞庭西山、苏州灵岩山、黄山小心坡等处的写生画作。其中第八开虽未明确道出所绘的景致,从石洞顶悬挂而下的钟乳石来看,像是今宜兴张公洞、善卷洞。宜兴位于江苏南部,太湖西岸,旧属常州,房虎卿完全有可能足迹所经,进行写生描绘。以上各开于吸收前人之外,称其为"写景"画更为合适。之所以称为"写景"画,是因为有的凭记忆所画,具有写生的意义,但未必是真正的对景写生。因为在中国古代,认为写生乃"写物之生意"[4],与现今直接以实物或人物、风景为对象进行描绘的作画方式还是有所不同的。

册页第十开题:"江南水乡。甲辰仲冬,房虎卿作。"第十二开题:"湖塘消夏。一九六五年春,虎卿作。"两开中的柳树同样采用了吴历和吴观岱点叶柳法。相传"画人难画手,画树难画柳",这是前人在创作实践中遇到的难题。清画家龚贤谈画柳法说:"画柳若胸中存一画柳想,便不成柳矣,何也?干未上而枝已垂,一病也;满身皆小枝,二病也;干不古而枝不弱,三病也。惟胸中先不著画柳想,画成老树,随意勾下数笔,便得之矣。"[5] 近人钱松嵒总结了画柳之法,他说:"柳树,株干向上,而枝梢下垂,形势相反,运笔方向有矛盾,如果连干带枝,一气呵成,一定画不好……枝和干要分两起画,画干不画枝,画枝不画干,先尽量画干,笔笔向上冲,俟干已画成,另换一枝适宜的笔,由上勾下,勾出全部柳条,这是消除运笔上的矛盾,难而不难了。勾柳条同时要特别注意柳条的结顶,即干与枝的转折处,也即树的顶端,所以叫做'结顶'。结顶分枝要相成相破,有疏有密,有层次,有生发……主干要苍老,垂条要袅袅多致,柔和爽朗,既不紊乱,又不呆板乃佳。"[6] 看来,树干的姿态,柳枝的柔韧,线条的穿插、疏密等,都是较难把握的,可见,房虎卿于画树画柳的基本功还是较为扎实的。

房虎卿的山水在传统上下过功夫,得王翚、唐寅之遗韵;他泛学宋元诸家,拟

---

4 [清]方薰《山静居画论》,杭州:西泠印社出版社,2009年,第103页。

5 [清]龚贤《画诀》,北京:北京市中国书店,1983年,第3页。

6 钱松嵒《砚边点滴》,上海:上海人民美术出版社,1962年,第19-20页。

米友仁、高克恭、王蒙、恽寿平等人笔意；同时，汲取前辈画家吴观岱，同时代画家贺天健、郑午昌、应野平等人的画法。他在生活中观察体悟，足迹所经，绘制写景山水，对传统的笔墨技法融汇运用和加以变化，为其后山水画开创新貌打下了坚实的基础。

三上黄山写松云

　　进入20世纪后的传统中国画直接面临守旧不变之弊，康有为针对当时摹古画风引发对传统中国画的危机感，认为"中国画学，至国朝而衰弊极矣……若仍守旧不变，则中国画学，应遂天绝""合中西而为画学新纪元者，其在今乎"[7]，提出以西洋写实之强来变革中国画的强烈愿望。写实主义传入中国，并被用作改造中国画的工具。可以说，写实主义是20世纪中国美术变革和发展的主旋律。

　　1949年新中国成立之后，新的社会现实对山水画和其他旧的文艺样式提出了新的要求，徐悲鸿明确指出要以现实主义替代传统闲情逸致的山水画，提倡现实主义画风。[8]郑午昌也在上海解放以后，创建"新国画研究会"，从事中国画创新的研究。由此，"新国画"运动开始，并被推广到全国。新的文艺政策要求对传统山水画进行改造，从脱离现实生活改造成关注和表现现实生活。因此，20世纪50年代之后的山水画就是在这样的现实背景下展开了它的发展轨迹。

　　1960年，江苏省国画院正式挂牌成立。其宗旨是继承和发扬中国画优秀传统，吸收和融汇西画以及其他姊妹艺术的精华，走师法造化之路，努力创造，拓宽中国画艺术表现领域，提高中国画水平。成立之后的第一个重大举措就是报经省委同意，同年9月，由傅抱石、亚明率领江苏省国画家参加全国六省十几座城市的访问和写生活动，行程二万三千里，在全国美术界产生了很大影响。写生团由院长傅抱石带团，途经河南、陕西、四川、湖北、湖南、广东，为期三个月，这是在当时全国美术界

7　康有为《万木草堂所藏中国画目》，见《万木草堂论艺》，北京：荣宝斋出版社，2011年，第130-131页。
8　徐悲鸿《漫谈山水画》，见《新建设》，1950年2月，第12-13页。

开展中国画写生的时代大背景下，探索中国画转型的一个重要举措。写生活动之后，1961年，中国美术家协会与江苏省分会联合举办写生团汇报展览"山河新貌"，展览在中国美术馆举办，轰动了首都画界，影响波及全国。江苏省国画院成功创作出一批充满新时代气息的山水画精品，"新金陵画派"由此诞生，奠定了江苏省国画院在当代中国画坛显著的地位。

1961年前后，江苏省国画院接纳一批新的画家，房虎卿、林散之、黄养辉、李畹、李山、李亚等先后调入画院。房虎卿为当时江苏省国画院年龄最高者，由于腿疾，未能参加二万三千里写生活动，成为一大憾事。写生行程中，钱松嵒、于彤甫、丁士青、张晋等已属于老人，需要配备年轻的画家照顾生活。而这个时期，房虎卿与江苏省国画院傅抱石、魏紫熙、宋文治、张文俊、亚明等新生力量相比，也已不是壮年，在年龄上他比钱松嵒还要大上近十岁，自然难以参加此次长途写生壮举。费新我由于手疾，亦未能参加写生，其后便改为创作"左笔"书画。二老时常晤面，谈及此事。

房虎卿虽然未能参加长途写生，但是面对中国画变革的探索，他依然有着积极的作为。在新旧过渡时期，如何在旧法中表现新的内容，创作出反映时代生活、与时代同步的国画新作？为此，他深入现实生活，到大自然中去搜集创作素材。足迹所经，饱览名山大川，既开阔了视野，又为其绘画创作提供了题材。20世纪50年代起，房虎卿赴黄山写生，他多次游历黄山，山水作品中很多是以黄山为主题的写生与创作。

房虎卿尤爱画黄山松，黄山形态奇特的松树有迎客松、探海松、送客松、龙爪松等，如收藏于江苏省国画院的《黄山双龙松》（图33）描绘的是一棵弯曲盘旋的松树，位于安徽黄山北海景区，有八百余年的树龄，此松在离地面两米以上处分成两根躯干，横空出世，像两条蛟龙斜上云天，故得名。双龙松后于20世纪70年代遭雷击枯死，今仅存树干。此图作于1960年，尚是生机勃发之时，如飞舞的苍龙，以倔强之姿立在苍茫的天地间。房虎卿画出了松的风骨，松皮圈出鳞状纹理，老枝虬曲沧桑，松针以较为写意的笔法画出，墨色上以石绿点簇，二者形成鲜明的对比，突出了生命的顽强。这是一件注重写实、体现西洋明暗关系的作品，笔法规矩严谨，是时代政治的需要。

作于1961年的《黄山古松》册（23cm×31cm）为七开墨松，苍松或挺立，或虬曲，有的泰然自若，有的刚强婀娜，有的主干向上，靠近树顶处曲折而下，分枝展叶，

图 33 黄山双龙松 67cm×108cm 1960 年

一派堂堂君子之风。从不同的松针画法来看，有扇形松针、轮状松针、马尾形松针，也有写用意性点簇状笔法画的松针，每组交迭有序、层次分明。又如，《画扇册》（23cm×52cm）中《虬松》一开所画松树松干粗壮，鳞身节窟，矫健威武，气势雄厚而笔意酣畅灵活。《画扇集》（25cm×52cm）中又有六开（图34）描绘黄山古松，如黄山北海的望海松、千年古松、雪松等，表现松树不同的情态。其中一开为设色，墨色上以石绿、石青点叶，苍翠欲滴，厚重而有现代感。从各开题款来看，作画时间从1945年到1974年不一，中间近几十年的跨越，说明此画扇集是由单开的扇页汇集而成。1971年所作的《乔松竹石》（图35）画苍松两株，一虬曲弯转，一挺拔耸立。枝干古结老鳞，斑斑驳驳，形态谨严，松树的伸张之态与嶙峋的石块、几杆低矮的竹子搭配得宜，形成对比，使画面富有张力，简练而有变化。笔法苍劲而沉稳，笔墨老到，还带有"明四家"之一沈周的笔意。1972年所作的《松》（96cm×47cm）树干上包满了厚厚的鳞片，树姿苍劲挺拔，松针团团簇簇，同样具有力量与气势。雄健之势既是时代精神的需要，也是房虎卿晚年的绘画特点。姿态各异的古松把黄山装点得奇丽多姿，为其披上了一层瑰丽的色彩，与那奇峰异石组成一幅幅美丽的画卷。所谓"岁寒而后知松柏之后凋"[9]，房虎卿以黄山松为题材，画出了松树的劲拔之姿。他先后为常州宾馆、上海第一百货商店画巨幅迎客松黄山泉图，在江苏省国画院任画师及山水画进修班导师时也画了许多松树课徒稿。这些画作章法有致，气韵生动，令人赞叹。

黄山为天下绝秀，梅清、弘仁、石涛、黄宾虹、刘海粟等画家都以画黄山著称。房虎卿有一方印为："七十二岁再上黄山最高峰。"黄山壮观的景象吸引他虽七秩高龄仍再次攀登临览，写生创作。如《黄山阎王壁》（图36）即作于他再次登临黄山之后，画上题曰："黄山阎王壁在立马峰山腰，过立马桥即阎王壁，过渡生桥再上即天桥，此处悬崖峭壁，最最惊险。"顾名思义，阎王壁的惊险可知。画中崖壁陡直，山道险峻，激流涌泻，烟云四起，气势雄壮。房虎卿画作中苍茫浑厚、阔大雄浑气魄的作品较为少见，而此作艺术表现上兼有现代北方山水画家秦仲文、吴佩

---

[9] 《论语·子罕》。

图 34 《画扇集》之六开一 25cm×52cm 1945—1974 年

图 34 《画扇集》之六开二 25cm×52cm 1945—1974 年

图 34 《画扇集》之六开三 25cm×52cm 1945—1974 年

图 34 《画扇集》之六开四 25cm×52cm 1945—1974 年

图 34 《画扇集》之六开五 25cm×52cm 1945—1974 年

图 34 《画扇集》之六开六 25cm×52cm 1945—1974 年

图 35 乔松竹石 90cm×33cm 1971 年

图 36　黄山阎王壁　97cm×46cm　1963 年

衡的风格，体现出山水画创作的新动向。用小斧劈皴来表现山石，笔力坚凝，说明他广泛吸收南北地域风格，努力创作，为时代服务。

黄山胜景，处处景象神奇。扇页《黄山石笋矼》（25cm×52cm）作于1971年，房虎卿于画上题："黄山石笋矼峭然耸峙于白云浩瀚之中，其下散花坞，左侧有亭翼然类月，文光揽胜，至此披襟小憩，遥望名矼，形神俱化矣。"石笋矼在黄山始信峰与仙人峰之间，矼上怪石峥嵘，形态各异，犹如雨后春笋。石笋矼下方散花坞左侧有一四角凉亭名曰文光亭，由此可观景远眺，一览石笋矼的万千气象。房虎卿吸收了宋人的晕染法，以渍墨法描绘了犬牙般耸峙的石笋矼，烟云涌动，云雾缭绕其间，画面产生笔墨淋漓之感。

房虎卿《画扇集》（25cm×52cm）其中五开以记游的方式描绘了黄山景色。第一开题："玉屏楼西行可看到黄山有名的蒲团松，再向上翻过莲花、莲蕊两峰，历近千石级就达百步云梯。"第二开题："黄山始信峰下群松拥翠，涧水奔流。一峰秀出，顶现古松，相传为梦笔生花。左面群峰层列，云雾弥漫，则笔架峰也。"观看画面，形象生动地呈现了这一景象。第三开题："黄山狮子林到西海门，去的途中万松叠翠，奇峰怪石绵延不绝，流泉汩汩，云雾重重，阴晴变幻，目不暇接。"画中巨石在前，构图奇险而新颖，以郭熙卷云皴来表现石头的结构，以范宽点子皴画出石块的凹凸明暗，说明房虎卿画山石的技法是从传统中走出来的。石桥的准确描绘则是运用了西方写实绘画的透视法。从第四开、第五开来看，房虎卿还借鉴了南宋夏圭和明代唐寅的小斧劈皴法来表现真实的黄山。以上各开山林间烟雾迷蒙，渲淡幻化，弥漫着静谧幽深的气息。画中云山的描绘也学习了郑午昌的渍墨法，远山和烟云的烘染并有光影感，画面烟云涌动，颇有生意。可见，房虎卿在感悟自然造化的过程中善于学习古人和今人的长处，在实践中融会贯通。几开扇册作画时间为70年代上半期，从房虎卿作画纪年来看，一贯用虚岁，偶记周岁，但从此册款署时间来看，其中同为1970年所作，落款写成八十岁和八十二岁兼而有之。似乎八十岁以后，房虎卿在计年岁上约略算之，不那么刻意准确了。此外，从画面主题内容、风格表现和扇面尺寸来看，此《画扇集》中汇集的各开黄山景致与上文《黄山石笋矼》扇页应是一个系列。

4　由传统走向现实：山水摹古与写景作品

　　《蓬莱三岛》（图 37）是房虎卿画黄山的又一面貌。黄山景区过"一线天"，奇峰怪石，回首可见三座参差不齐的小石峰相拥而立，峰上奇松劲拔，峰顶似剑，每当云雾升腾，犹如海中岛屿，似置身飘渺蓬莱仙境，故名曰"蓬莱三岛"。画中的山峰参用南宋斧劈皴法，并融合了披麻皴，勾线枯湿徐疾，笔法爽利。画面浅绛设色，近处的树叶大胆用了朱砂、藤黄，较为醒目。房虎卿画黄山体现了多样的技法和不同的画面效果，至少说明他并不拘泥于单一的表现方式，而是勇于尝试，不断突破和出新。

　　1973 年 10 月，房虎卿在女儿房师田、外孙江可群的陪同下，84 岁三上黄山最高峰，同行的还有画家戴元俊。房虎卿曾说过，要做山水画家，爬山是基本功，要不怕跑路，这是山水画家的基本素质。游历黄山的经历使他感受颇深，他以写生为途径创作了许多画作。房虎卿在这批画中用到一方朱文方印"虎卿八十四岁三上黄山最高峰"，还说："黄山除雄秀之外，最好之处就是山石裸露在外，最宜于表现中国山水画特有的皴法美。再加上奇松的点缀，云雾的变幻，真是千姿百态，山水画家是非去不可的。"[10] 黄山是房虎卿最爱表现的题材之一，他熟悉黄山的每一个风景绝佳处，脚底风云，乘兴抒写，一点不像耄耋老人。

　　作于 1974 年的《黄山立马峰》（图 38）当是他三上黄山后所作。画上题道："黄山立马峰，峭壁千仞，昔名阎王壁，其上有渡生桥，再上为半山寺。"所画为立马峰大石壁，从登山途中的立马桥抬头仰望，只见山体奇峰突兀，拔地擎天，悬崖峭壁凌空而下。此作与 1963 年画的《黄山阎王壁》同是一个景点，相同的视角，因而在构图上非常相似，只是面对同一题材运用了不同的技法。《黄山阎王壁》用的是浅绛表现，《黄山立马峰》则运用了小青绿的设色法，两件作品都以高远与深远相结合的空间表现方法，以及从中景到远景的全景式构图方式，再现了黄山立马峰一带奇美的景色。

　　形态各异的松树和奇峰怪石，水气升腾或雾气未消的浩瀚云海，是黄山独特的景观，恢弘壮美。如房虎卿 1974 年所绘《黄山图》（53cm×95.5cm），从题跋可知，

10　常州市地方志编纂委员会编《常州市志》第三册，北京：中国社会科学出版社，1995 年，第 1044 页。

图 37　蓬莱三岛　95cm×35cm

图 38　黄山立马峰　95cm×35cm　1974 年

4 由传统走向现实：山水摹古与写景作品

与1971年作的《黄山石笋矼》是同一角度，描绘黄山北海景区文光亭遥望石笋矼的景象，下临散花坞，面对始信峰，在此可观看日出朝霞。画中松石云泉，云雾袅袅，峰峦叠嶂。这是房虎卿八十五岁之作，笔下苍润，并无老态。1974年作的《黄海松云》（99cm×37cm），虬松在山间岩石中傲然挺立，枝干茁壮，山石巍峨。房虎卿的山水最初延续了"四王"一路的风格，1975年作的《黄海松云》（图39）纯以水墨，披麻皴带有侧笔，试图将偏锋和南宋人的斧劈皴法结合在一起，使画风在"四王"之外，更显苍劲和淋漓。同年创作的另一幅《黄海松云》（122cm×63cm）则加以设色，并突出了光影感的表现。

中国画家观察景物不同于西方焦点透视，可以步移景移，和山川交流、对话，领略大自然的气息，既搜集素材，又陶冶性情。房虎卿熟悉黄山的山川脉络，面对姿态万千的奇松奇石，翻腾变化的云山雾海，将其熔铸为胸中丘壑。诗人、书法家钱小山与房虎卿交好，曾相约同游黄山，惜未得暇，他作诗曰："兴来泼墨写黄山，云海苍茫咫尺间。倘许此中容小住，莲花峰顶待登攀。"并说："房老高年，三上黄山归后，每相见，出其所写山中奇景，令人神往。"[11]可见，房虎卿三上黄山，与黄山亦师亦友，黄山的形神已经自然地融汇于其笔端。此外，钱小山曾题房虎卿《黄山图》云："来读房山画，黄山落眼前。泉清无尽日，松老不知年。乡国推耆旧，登临迈昔贤。春申传巨幅，誉满大江边。"[12]给予很高的评价，充分肯定了房虎卿画黄山的艺术造诣。

自明清以降，上黄山的山水画家不胜枚举，梅清、渐江、石涛以及现代画家刘海粟等，在黄山云海间静观自然的瞬息。房虎卿喜欢并擅长画黄山，在遵循新安画派师传统、师造化的艺术创新道路上，多次登临黄山写景，将黄山散花精舍、石笋矼、双龙松、蓬莱三岛、天都峰、玉屏峰等胜景收入笔下。古往今来，能为山水传神者，无不读万卷书，行万里路。通过读书与游历，一方面积累素材，增加识见；另一方面，通过诗书与自然的涵养，开阔心胸，由内而外，勃发心中浩然之气。房虎卿秉持石

---

11 钱小山《读房老画》，《常州报》1979年10月6日。

12 转引自包立本、陆志刚主编《常州名人故居》，北京：方志出版社，2006年，第149页。

图 39　黄海松云　88cm×46cm　1975 年

涛"搜尽奇峰打草稿"的信念，体会与山川"神遇"的精神内涵，为黄山写生传神。从房虎卿一系列的黄山画作来看，在当代画坛可谓独树一帜。

山河新貌绘时代

新中国成立之后，从民国走来的许多老画家，延续了民国肇始的中国画创新使命，许多画家开始创作具有现实意义的历史和现实题材的作品。从20世纪50年代以来的现实题材创作选题来看，取代传统山水融入时代特征的新山水画，以及在学习苏联现实主义基础上以人物为主的"写实水墨画"创作队伍庞大。50年代之后的山水画在现实背景下发展了起来，画家们开始走向社会生活，进行写生创作。新的山水画崛起主要是以写生改变传统山水画通过画谱相传学习的画法，改变了传统山水画的审美理念、表达方式，在笔墨、意境和趣味上完全不同于古人山水画的面貌，要表现出时代所要求的文化内涵，要求用独特的视角反映社会发展中出现的新气象，歌颂社会主义的新生事物，创作出前无古人的新作品。

走进新中国新时代、新社会的画家，大胆变革传统绘画观念，深入现实山水，写出江山新面貌。新金陵画派是新中国初期画坛上最具影响力的绘画流派之一，提倡写生，主张现实主义的创作方法，积极创作出具有时代气息的新作品，涌现了许多现实题材的佳作。除了描绘革命圣地、赞美祖国的秀丽山水之外，更多的是对祖国建设的关注，诸如工业时代的厂房、烟囱、桥梁、卡车、高压电线杆等往往表现其中，景象宏伟壮观，社会主义建设图景是对新时代山河的赞美与注解。房虎卿被聘为江苏省国画院首批专职画师，他的山水画也渗入了新时代的精神气质，创作了许多新意盎然的作品，充盈着浓郁的生活气息。

房虎卿1957年所作《邓尉探梅》（图40）当是梅海观赏之后的写景之作。苏州郊外太湖之滨的光福镇邓尉山麓是赏梅胜地，明代文人姚希孟曾在《梅花杂咏》一文中说："梅花之盛不得不推吴中，而必以光福诸山为最。若言其衍亘五六十里，窈无穷际。"清龚自珍《病梅馆记》载："江宁之蟠龙，苏州之邓尉，杭州之西溪，皆产梅。"光福种梅历史悠久，有"邓尉梅花甲天下"之称。今藏台北故宫博物院

图 40　邓尉探梅 133cm×68cm　1957 年

4　由传统走向现实：山水摹古与写景作品

明代文伯仁《姑苏十景图册》中即有"邓尉观梅"一景，清康熙年间江苏巡抚宋荦赏梅触景生情，题书"香雪海"石刻，并有乾隆皇帝探梅御诗碑刻于此。房虎卿所绘此画卷的视角由高处远眺，山脉绵延，山头平缓，皴法取法于王翚，披麻和解索皴相结合，疏枝横斜的梅林依山势而栽，逶迤不绝。梅花盛开，用白粉点梅，再加上薄雾萦绕其间，只见繁花似雪，暗香浮动，令人目不暇接。画面表现出清润秀逸的江南早春之景，具有南方山水温润平淡、意境清秀远致的风格。

1959年初夏创作的《农庄庆丰收》（100cm×35cm）虽然尚是传统山水的画法，从画题上看，房虎卿正努力顺应时代潮流。而同年随后所作的《河山永固》（图41）是房虎卿为庆祝中华人民共和国成立十周年于国庆当日正式完成的作品。画卷尺幅较大，横三米多长，很可能画的是泰山南天门。南天门又名三天门、天门关，位于十八盘尽头，高插霄汉，山势陡峭危耸，是登上泰山顶峰的标志。南天门上即绝顶，双峰夹峙，仿佛天门自开。房虎卿登泰岳时，本来安排一青年照应他，但到十八盘，山路陡峭，那青年反由他相扶。每谈及此，房虎卿便朗笑不已，以体质强健而自豪。[13] 图中丘陵交错横亘，危阶盘折，松声云气缭绕，虚幻缥缈，于山顶俯临千嶂奇观，流泉飞瀑，天地空阔，正如杜甫《望岳》所言："会当凌绝顶，一览众山小。"画面构图雄峻，画法繁复，用青绿赋色，山脚下还有一抹红霞与山川交相辉映，色彩灿烂，气象恢弘。显然，《河山永固》是房虎卿很用心完成的作品，是寄托了祈祷国泰民安，歌颂祖国山河壮丽景象，具有磅礴气势的巨作。

江苏省国画院所藏《高邮第一水闸》（图42）是以保证淮河洪水下泄而新建设的水库作为画面主体形象，采用鸟瞰式的构图，以便于描绘宏大的场景。从画中建筑、水闸的准确描绘可以看出房虎卿的写生能力；波浪和水花的表现也是房虎卿最为拿手的——这在他的云龙题材中经常出现，自然驾轻就熟；桃红柳绿点缀其间，使画面显得很有生气，充满着蓬勃的生机。虽是应时之作，却表现出较强的造型、造境能力，既有鲜明的时代精神，又有现实生活气息，充满着新中国建设的热情。

13　《形神兼备，风韵独具——房虎卿〈虎啸图〉》，见叶鹏飞、潘茂编著《常州书画》，北京：中国文史出版社，2003年，第215页。

图 41 河山永固 88cm×332cm 1959 年

图42　高邮第一水闸　67cm×108cm

房虎卿曾于1965年5月和江苏省国画院十多位画家一起渡江北上，赴徐州写生，参观淮海烈士塔、煤铁矿等。[14]《利国铁矿矿坑》（图43）未署年款，很可能就作于这一时期。画面描绘位于江苏徐州的一个大型炼铁场所，采用传统居高临下鸟瞰式的视角，说明房虎卿掌握了大场景创作的方法，具有较强的宏观把握能力。这也是一件成功的作品，画面构图奇险，露天的矿坑中工人在开采铁矿矿石，大块矿体则用烈火燃烧熔炼。矿坑后面一排大烟囱，当时画家钱松喦也这么画过，烟囱黑烟弥漫，对今天来说显然是环境污染，而在当时，恰是工业繁荣的体现。在新时代语境下，这正是新中国发展的见证与记录。房虎卿以山水画这种传统方式，表现新中国的巨变，歌颂和赞美新时代。

《太湖秋深》（图44）是对景写生中而来，描绘太湖边的银杏树和桔林。黄色的银杏果和橙红色的桔子挂满枝头，果实累累；平静的湖面上帆影点点，点缀其间，一派山清水秀、秋意浓浓的诗意景象。类似的构图也曾出现在钱松喦、李可染的写生画稿中，富有时代特色。作于1966年的《银杏累累桔子红》（87cm×36cm）今藏江苏省国画院，与《太湖秋深》是一个视角，内容接近，说明房虎卿对这一题材多次写生和表现。描绘现实中的山水是新中国山水画家必走的路，是中国画革新的重要手段。现代山水画坛上注重写生的画家北方地区以李可染、张仃为代表，南方以钱松喦、傅抱石为代表，在新的时代背景下，房虎卿也积极参与到山水画的现实描绘和写生潮流中。

现实题材中国画创作体现出纪实表达、现实关怀的特征，兼具艺术、历史、政治等多重价值和意义。新的时代不缺少变革转型的大事件，所处城市环境和文化元素也在变化，房虎卿在新的时代生活中获得新的灵感，以不断创新的笔墨描绘时代风采，创作出有深度和广度的作品。近代以来，现实题材绘画创作带有明显的时代烙印，在特定历史条件下，掺杂了浓厚的政治意识形态表达。中国画"面向生活"的变革，既是新的现实生活的召唤，也是画家思想改造的手段，对于推动画家造型和创作能力，以及中国画的现代化发挥了重要作用。画家们把握时代的脉搏，将时

14　邵川编著《林散之年谱》，南京：江苏凤凰文艺出版社，2016年，第176页。

图 43 利国铁矿矿坑 67cm×110cm

图44 太湖秋深 67cm×43cm

4 由传统走向现实：山水摹古与写景作品

代的主旋律与个人的艺术紧密结合在一起，展现出一个全新的中国画局面。

20世纪上半叶的晚清和民国时期，山水画的"四王"余风尚在，文化运动中伴随着新旧之争，推进了山水画的发展，这一时期的山水画开始融合西法。房虎卿的山水画作，既宗于传统，又勇于借鉴西画的理法，运用西画的透视法和明暗法塑造形体。如藏于江苏省国画院、1966年所作《鼋渚春涛》（图45），描绘的是横卧太湖的一个半岛鼋头渚，其三面环水，因形状似浮鼋昂首而得名，有太湖"第一名胜"之称。画面所绘，从观察方法和取景的角度来看，凡到过鼋头渚的人都应熟悉。太湖烟波浩渺，鼋渚春涛便是其中一景。房虎卿吸收了西画的绘画元素，努力写实，他注意到了波浪的透视感和水光的表现，水用墨色，留白并不多，一眼望去，波光粼粼。画中水和天空的描绘具有西洋画的光影感，让人联想到同时代融合中西画法的画家陶冷月。陶冷月为新画派中有革新精神之开山手，他融西法于中画，于阴阳向背有深研之功，从房虎卿的作品中也可以看出他对同代人的学习和写实能力上的追求。

1972所作《黄山采药归》（图46）与1963年所作《黄山阎王壁》、1974所作《黄山立马峰》视角与构图相同，但在内容和表现手法上有异。黄山的生态环境地貌丰富多变，山林峭壁、峡谷、溪流适宜草药生长，品类众多。画上是浩浩荡荡的队伍春日上山采药归来、在山道行进的情景，领队手拿红旗，扛锄挑担者紧随其后。画面峰峦岩岫拔地耸立，丘壑奇伟，林峦繁复，在空间上采取了西洋透视画法，具有一种深远之感，并烘染出浓雾缭绕的云朵和山间溪流，表现出光影。山石青绿设色，松针翠绿茵茵，厚重而有逆光感。画面气象森森，兼有程璋、贺天健的山水面貌。房虎卿汲取西画养分，讲究透视、比例，行笔秀润缜密，所画物象层次感强。

20世纪的山水画坛产生了一批深具影响力的作品，50年代所奠立的山水画范式不仅改变了传统山水画，还对于中国画的整体发展产生了重要的影响。如1959年傅抱石和关山月以毛泽东《沁园春·雪》词意为题材，合作完成的山水画巨幛《江山如此多娇》现收藏于北京人民大会堂，是向建国十周年献礼、画院画家推出的思想性与艺术性高度统一的作品，画出了前无古人的雄浑意境。作品在某种意义上象征着一个时代的民族文化心态，是新的民族审美和时代精神的体现。房虎卿于1974年以同样的画题作《江山如此多娇》（65cm×122cm），是其八十五岁时所创力作，

图 45　鼋渚春涛 42cm×66cm　1966 年

图 46 黄山采药归 145cm×57.5cm 1972 年

画上钤印"虎卿八十四岁三上黄山最高峰",可见此作取材于黄山。莽莽神州大地,逶迤的山脉,宽阔的湖面,翠岩苍松、亭台飞流、云烟缭绕、旭日东升,气势壮丽雄阔。构图开合有度,用笔老练。画家寄情笔墨,表现出新中国的蓬勃朝气,也充分体现出对祖国的深深眷恋和对未来充满着美好的向往与憧憬。

中国画要发展,除了师古人、得心源,还要体悟自然之妙造。现实题材创作活动的意义在于让画家走出画室,到大自然中吸取新鲜空气,获得新的灵感。这是对美术家的艺术创造的推动,也给中国画发展带来重要机遇。石涛说过:"笔墨当随时代。"[15] 在 20 世纪山水画变革发展,强调山水画创作"现实主义"特色的时代背景下,房虎卿一手伸向传统,师承取法,是一位传统功力深厚的画家;一手伸向生活,深刻意识到师古人与师自然的关系。他以造化为师,深入真山真水,遍游名山大川;他三上黄山,并在泰山、富春江等名山胜水写生,使他的山水画由古法古意而渗入新的时代精神,充满着生活气息,达到化古开今的新境界,而又有自家面貌。

---

15 [清] 汪绎辰辑《大涤子题画诗跋》卷一《跋画》,上海:上海人民美术出版社,1987 年,第 35 页。

5 以艺会友：与诸家交游及合作画

上海由于其特殊的地理和历史条件，自清代中期以后成为江南地区的一大商埠，迅速发展成为东南地区最繁华的都会，是江南乃至全国的中心城市，有"东方的巴黎"之称。19 世纪末 20 世纪初，在上海这个新兴城市，萌生了一个近百年来重要的绘画流派——海上画派。清末民国初年的中国画坛，除了岭南画派、京派绘画，海上画派影响最大，在近现代画坛占据举足轻重的地位。20 世纪初是中国现代美术教育萌发、美术运动演进、文化活动频现的时代。五四运动前后，上海的中国画已经拥有很大的市场，吸引众多画家纷至沓来。当时有一批全国著名的书画篆刻家在上海侨居卖画。在这样的美术发展时代背景下，网罗艺林人事，搜求史料，钩稽求索，以探房虎卿在上海及江南地区的踪迹，还原其生平的一些艺事，可以增进对他书画艺术的了解。

画坛雅集，相交诸友

海派书画艺术发轫于晚清，从上海开埠到 19 世纪末任伯年去世称为"前海派"时期；从任伯年去世到 1927 年吴昌硕去世称为"后海派"时期，涌现了众多的海派名家。20 世纪三四十年代的上海仍是中国绘画的发展中心，现代中国画家在这一时期很多都曾到过或定居上海，或往来卖画，以谋求发展的机遇。上海的画人，实属八方云集。继张熊、虚谷、赵之谦、吴穀祥、任伯年、吴昌硕、陆恢等海派代表性画家之后，出现了曾熙、黄宾虹、王一亭、李瑞清、程璋、吴待秋、张善孖、冯超然、贺天健、郑午昌、吴湖帆、徐悲鸿、刘海粟、钱瘦铁、张大千等海派名家和活跃于上海画坛的风云人物，他们共同创造了继海上画派之后的上海中国绘画昌盛时期。

此时的上海画坛缤纷多彩，名家荟萃，影响很大。因在沪上鬻画为生，颇有声名，房虎卿的周围往来着一群海上杰出的艺术家和画坛文界的名流，诸如美术史论家兼画家郑午昌，鉴藏家谢稚柳、吴湖帆等。房虎卿与他们有着交集，交游唱和，相识相赏。当时书画家之间的交往及风雅生活，可从民国十七年（1928 年）文坛耆宿王西神所撰《五湖秋泛记》中窥得一斑。兹录文如下：

谢君公展近集书画名流，结"秋英美术社"于海上，前月之杪，假宁波同

5 以艺会友：与诸家交游及合作画

乡会开展览大会。其介弟介子方养疴于吾乡之梅园，乃驰书相约，坚邀秋英同社诸公作太湖之游。无锡茂新面粉厂会计主任荣君条甫、□□□□、章君百熙，风雅之士也，闻之欣然加入，三人合作东道主，订期于月之七日，预雇锡家画舫。群贤毕集，□自海上来会者，为邓君春澍、王君师子、孙君雪泥、黄君宾虹、马君万里、符君铁年、朱君梦□、钱君云鹤、谢君玉岑、钱君瘦铁、郑君曼青。自吴门来会者，有陶君冷月，而吴县前邑侯王君引才，及川人饶君□□，□□偕来，为不速之客。

吾邑之与会者，有老画师吴君观岱、袁君歧伯、胡君汀鹭、荆君梦蝶、郑君岱鹤，及以画龙著名之房虎卿。余挈儿子上闲，及外甥吴君观蠡之公子申一与俱，合之主人谢君公展、谢君介子，及其淑俪张女士时敏，与荣、章二君，共二十八人。比兰亭之宴，胜友如云；开桃李之园，清谈霏雪。

是日积云初霁，冬暄晴朗，深似金秋，亦若惜此盛会之难逢，特放晴光以媚客者。吾乡船菜，美尽东南，九、十月之交，霜螯登俎，配以鱼翅，醲郁清腴，尤称俊味。余卧老沧江，故乡似客，乍尝南食，大快朵颐。章君百熙，定交初次，见余食之而甘也，特属船娘更制一器相馈，良友多情，加餐永感。

酒阑席散，以小汽艇曳画舫直放太湖，观岱春秋高，怯寒未去。公展于舫中出素纸倩同人题名，并拟绘画以留鸿雪。先分题"五湖秋泛图"书眉，为息壤之盟。王君引才诗兴勃发，首成一绝。荆君梦蝶踵成五律一章。梦蝶丹阳人，为吾乡荣氏掌书记有年，去年尝制《咏菊高阳台》词一阕，未署他名。公展见之击节，每画菊必题此诗，辗转寻访，始得订交。江湖沿路访斯人，亦如仓山一老之于□雪楼主，文字因缘，蔚成佳话。梦蝶于余，盛致推挹，评骘诗词，沆瀣一气，顿恨相见之晚。百熙、春澍，相继联吟，篇什渐富。笔阵飞花，墨香麈韵，云水光中，已过梁鸿溪畔。出太湖尾闾，

> 过犊山门,湖心三峰耸峙,是曰"湖滨"者,是曰"鼋渚",同年杨君翰西之别业在焉,为此游之目的地。
>
> 舍舟登陆,先就矶畔合摄一影。瘦铁攀登峭壁捷若猿猱,绝壁孤松,亭亭玉立,同人佥曰:"此黄山派也。"盖瘦铁近游黄山归,好作黄海松云之景,故以此戏之。湖滨有于苔矶之上张画架对景写生者,宾虹亦袖出小册铅笔,时图山中胜景,可谓吾道不寡。
>
> 时红日衔山,湖波如縠,轻烟笼水,有若雾鬟风鬟。凌波微步,三万六千顷平铺足底,远视七十二峰,如螺髻、如浮笠,渲青凝紫,气象万千……[1]

此次雅集活动,"秋英社"诸公齐聚泛游无锡太湖,房虎卿与吴观岱、黄宾虹、钱云鹤、胡汀鹭、谢公展、王师子、符铁年、孙雪泥、陶冷月、钱瘦铁、谢玉岑、郑曼青、马万里等人参加了此次盛会。有擅文吟诗者,有雅好鉴藏者,也有长于书画者,众人观赏游览太湖之胜,作诗饮酒,无不酣畅。据王西神撰海上"秋英会"雅集所述,席间,携来画具,诸君争相挥毫于绢素,索题和合作书画。文中记道:"鼋渚晚归,同人议画舟中所见,于是公展、汀鹭、虎卿、曼青合作《芦柳芙蓉》一幅。""雪泥、春澍、瘦铁合作山水一幅,宾虹为之题识,宾虹常携小册于山水佳处,辄立而摹写。"同人纵横挥洒,笔底云烟,并"拟绘《泛舟图》纪游"。[2] 江南水乡的风韵及书画名流时彦的闲情逸致于典雅的文笔间娓娓道来,弥漫着浓郁的民国气息。

另据荆梦蝶《菊社亦园雅集记》可知,民国十八年(1929年),常州亦园菊开尤盛,主人夏忆鹤启赏菊之筵,作吟秋之集。夏家是常州的大户,夏家大院是清代常州实业家夏秉钧所建,夏家大少爷夏忆鹤喜莳花弄草,家中张挂的字画和花草一年四季不重样。夏忆鹤雅有菊癖,所居自辟小园曰亦园,故社以菊名,自谓兰陵菊社主人。

---

1 王西神《五湖秋泛记》(上),《新闻报·快活林》1928年11月24日(第0017版)。
2 王西神《五湖秋泛记》,《新闻报·快活林》1928年11月25日(第0021版)。

5　以艺会友：与诸家交游及合作画

所好菊花之种植灌溉，交各地之园丁花匠，花之燥湿寒燠、肥瘦疏密皆熟于心，艺菊以千数，勤于所事。赏菊之筵除社友外，兼邀邑中耆宿章白熙、钱名山、周子企、庄寄尘等人，及包括房虎卿在内的众多书画名家。其间：

> 谢君玉岑对客挥毫，书屏联多副，时君□病后，而大笔淋漓，雄健入古，腕力殊不弱也。诸画家合作《九秋图》，为杜滋园、邓春澎、郑岱鹤、房虎卿、钱小安、范笑春、刘诵苏，及夏慧平、蒋佩酓两女士。图成，玉岑、百熙合题，珠联璧合，美具难并，洵为名贵作品。菊丛设四席，人夹花而坐。莫不金围玉拥，把翠栖红，秋色满头，幽香入抱。盖无待劝酒。而客尽醉已。[3]

赏菊作画的情景跃然而出。因兰陵菊社赏菊品艺活动，房虎卿与夏忆鹤等人的交往多有记载。每年深秋，对东篱之佳色，例有雅集盛事。夏忆鹤曾邀诸同社及书画名家，达二三十人，还有自锡来者胡汀鹭、荣条甫二人，有记载曰："环顾所列之菊，可二三百盆。而形色各异，无一不妙。盖南金东箭，尽佳种也。屏间所悬同学房虎卿君之画菊，活色生香，不辨真伪，尤相映成趣焉。"[4]时盛况呈于眼前，房虎卿画菊之活脱，亦见诸笔端。

民国时期，海上绘画展览会风起云涌，诸多画家多有个人或合作展览、义卖等活动，画风之盛可谓极矣。从现存的资料来看，房虎卿属于当时海上名家，也积极参与了一些活动。如1931年11月13日，房虎卿参加由薛保伦主事的四十多位画家群展，在宁波同乡会展览。"此次所出之品，皆为诸名家得意之作，平日欲得其画而不易者，乘此可以任意选择矣，实为难达之机会"[5]，可谓一番盛况。继之，1931年12月25日，房虎卿参加由薛保伦主办的《海上消寒名画展》。[6] 1944年8月，房

3　荆梦蝶《菊社亦园雅集记》，《申报》1929年12月8日第17版（第20372期）。

4　荆梦蝶《花下飞觞追纪》，《申报》1930年12月6日第11版（第20723期）。

5　《现代名画家近作展览会十三日起举行》，《申报》1931年11月10日第16版（第21051期）。

6　《海上名家消寒画展》，《申报》1931年12月25日第11版（第21096期）。

虎卿参加常州旅沪同乡会征求同乡中之名家发起的书画展览会。[7] 从中可知，房虎卿通过展览与海上名家多有绘画上的交流。

中国画社团最早出现并集中于上海。晚清的小蓬莱阁书画会、蘋花社、飞丹阁书画会、徐园书画会等都是较有影响力的书画社团。之后，江阴名士张小庼与华亭诗家许幻园、宝山文人袁希濂、津门才子李叔同、江湾儒医蔡小香在上海城南草堂义结金兰，号称"天涯五友"。1900年3月，"天涯五友"在上海福州路杨柳楼台旧址，联合发起成立"海上书画公会"，张小庼任会长，上海及江浙书画名家如高邕之、任预、朱梦庐等纷纷入会。该会以"提倡风雅，振兴文艺"为宗旨，定期组织会员品茗读画，相互交流，并由李叔同主持编辑《书画工会报》，由此揭开了中国近代书画社团的新篇章。画会组织如雨后春笋，如1910年的上海书画研究会，后改名"海上题襟馆金石书画会"，会员有百余名，他们通过集会作画题诗，品评书画，交流心得，也经常有作品陈列，定期公布会员润格，参与书画市场经办作品销售事宜。此外，画会组织还有1909年的豫园书画善会、1911年的青漪馆书画会、1921年的停云书画社、1926年的金石书画艺观学会，以及1927年的上海艺苑研究所等。上海中国画界的团体活动非常踊跃，反映了创作上的繁荣局面。

中国画会创立于民国二十年（1931年），溯源可至民国十八年（1929年），郑午昌、孙雪泥、贺天健、钱瘦铁、李祖韩、陆丹林、谢公展、马孟容等创办蜜蜂画社，编印《蜜蜂画集》《蜜蜂画报》及《当代名人画海》，举办国画讲座，举行画展。民国十九年（1930年）六月间，叶恭绰有意组织国画团体，乃约黄宾虹、陆丹林协商筹办，由陆丹林撰著《国画家亟应联合》一文，发表在《蜜蜂画报》，试探艺术界意见。次年，蜜蜂画社社务停顿，中国画会应运而生，并呈主管机关立案，为上海艺术团体向政府立案之嚆矢。主要成员有张聿光、贺天健、郑午昌、孙雪泥、陆丹林、钱瘦铁、马公愚、张大千、丁念先、王师子、陈定山、李祖韩、谢公展、汪亚尘、陈树人、经亨颐、张善孖、王一亭、商笙伯、熊松泉、黄宾虹、吴湖帆、李秋君、房介堪、吴青霞、姜丹书、应野平、朱屺瞻、徐悲鸿等。此会曾编印《国画月刊》《现

---

7 《申报·简讯》，1944年8月12日第3版（第25271期）。

代中国画集》，并举办书画展览会，代办中外美展，征集作品，筹办义勇军慰劳画展，开办国画讲座等。[8] 可以说，中国画会集中了民国时期活跃在上海画坛上的名家。中国画会一成立，房虎卿随即加入。作为一个全国性的中国画团体，经由画会，房虎卿结识了众多的海上书画界名流，拓展了见识与交游。

近代上海是当时中国的文化中心，集中了一大批优秀的美术人才，不同门类、各种形式的美术社团数量众多，活动频繁。再加上民国期间，上海先后成立上海美术专科学校、上海艺术大学、中华艺术大学、新华艺术专科学校等美术教育机构，使上海原本就已浓郁的美术氛围更趋发达。结社组会，艺事风气为之一变。可以说，笺扇庄、展览会、社团等是重要的交易中介，共同推动了书画市场的繁荣。房虎卿与民国时期画坛叱咤风云的人物交往，在结交画坛耆宿、获睹宋元明清画作真迹的基础上，广泛吸收，艺事猛进。

房虎卿也常参与乡贤、名家的雅集活动。如20世纪40年代，教育家蒋维乔、学者商衍鎏、法学家沙彦楷，以及吴湖帆、郑午昌、谢稚柳等人经常在亦村举行沙龙。亦村是上海淮海西路支路上的一处幽静的别墅区，房虎卿经常带着女儿房师田出席当时文化名流与艺术精英云集的亦村雅集。参与雅集的人当中，吴湖帆（1894—1968年）为清末重臣、大收藏家吴大澂嗣孙，苏州人。1924年自苏州迁居上海，交游广泛，与诸多名家时相过从，三四十年代与吴待秋、吴子深、冯超然并称为"三吴一冯"。其收藏宏富，山水从"四王"、董其昌上溯宋元各家，熔水墨烘染与青绿设色于一炉，画风缜丽清雅，并工写竹、兰、荷花，是20世纪中国画坛一位重要的画家。另一主要成员谢稚柳（1910—1997年），生于常州武进一书香世家，是房虎卿同乡。年少时曾随其表伯江南名士钱名山学习经史子集、诗词歌赋，后得到家藏书画的启发，着手笔墨丹青。他精通书画鉴定、美术理论、书画、诗词等，初与张珩齐名，世有"北张南谢"之说。房虎卿所交游的人群中，不少都是蜚声于时的重要人物。

此外，房虎卿与高吹万也早有交往，论诗读画垂二十载。高吹万（1878—1958年），

8　王宸昌等编《中国美术年鉴·1947》，上海：上海社会科学出版社，2008年，第8页。

名燮,字时若,又号寒隐、萉叟等,江苏金山人。南社诗人,与钱名山、胡石亭合称"江南三名士",又与柳亚子交往深厚。诗古文词,为世所重。家富藏书,著有《吹万楼诗意》等。1946年岁暮,房虎卿特为高吹万作《吹万楼望江南词》之第七阕词意,画面笔调简淡而逸趣天成,极耐寻味。[9]

进入江苏省国画院之后,房虎卿与钱松喦、俞剑华等画家、学者交情甚笃,经常聚在一起切磋艺事。尤与当代诗人、书画家林散之以及书法家费新我交往最深,关系匪浅,成为挚友。随着年岁越长,三位老人虽同列省画院,但房虎卿住常州,林散之在南京,费新我在苏州,偶尔晤面,难得深谈。林散之于20世纪60年代初入江苏省国画院任专职画师,因痴狂于吟诗、临池、作画,自号"三痴生",曾拜黄宾虹为师,遵循黄宾虹"读万卷书,行万里路"的教导,行越七省万里之行得诗画稿千余。他隶、楷、行、草皆能,尤长草书,有"当代草圣"之称。现今房虎卿家属手中尚存留有林散之写给房虎卿的信札,其中一封信中说:"房老你好,顷属字,今由师范学[10]尉天池同志来常州之便奉上,祈指正。天池学书甚勤,苦慕房老之□,属为介绍就教。前两天曾奉一械,想能收到。另有晋唐诗附呈,留教可也……"提及介绍尉天池到常州拜访房虎卿之事。林散之和房虎卿书信频繁来往,也足见两人相交善。

房虎卿也与费新我交厚。20世纪60年代,费新我右腕关节结核发作,右手残疾,而苦恼凄怆。与房虎卿见面后,房虎卿建议他改用左手开笔,在好友的鼓励下,费新我随后的书法风貌生面别开,所以二人之间的感情特别深厚。费新我还专为房虎卿图绘一画像[11],以速写的形式简括地勾勒出房虎卿背着画夹,手拿画笔,站立写生的姿态。房虎卿与费新我交情之深厚,亦可见于房家至今保留着的许多费新我写予房虎卿的信札。当时,费新我经常往来常州,每次必上房虎卿家中,有时也写一点字留与房家,如费新我曾为房虎卿外孙女江可明写"风华正茂"四字横幅。"文革"后期,房虎卿、费新我与林散之见面时,深有感触,三人在江苏省国画院一起抱头痛哭。

---

9 高锌《丹青墨妙两风神——房虎卿诞生一百又五周年纪念》,见《留芬集》,上海:上海科技情报所,1997年,第144页。

10 "学"后缺"院"字。

11 画像影印于《费新我书法集》,南京:江苏美术出版社,1991年,第81页。

5　以艺会友：与诸家交游及合作画

足见他们之间有知音之言，交契极深。

通过梳理史料，房虎卿在上海、常州、南京交游的概况略现端倪。与其交往的有民国画家、乡贤、现代书画家、学者等，很多都是当时活跃于艺坛的重要人物。他们经常召集和举行雅集，切磋画艺，联络感情，互为激赏，一方面体现了当时一批书画家多样的艺术活动；另一方面，交游活动对房虎卿的艺术语言和画风的形成有着重要影响，是他艺术历程中不可或缺、多姿多彩的组成部分。

与名家合作

晚清五口通商，上海开埠，一跃而成为国际性大舞台。经济发展造就了新富阶级，"十里洋场"奢靡之风盛行，对文化商品的大量需求带动了书画市场的蓬勃，导致大江南北的书画家荟萃于此。"海派"多为职业画家，以书画买卖为营生，阵容强大。俞剑华所著《中国绘画史》指出："同治、光绪之间，时局益坏，画风日漓。画家多蛰居上海，卖画自给，以生计所迫，不得不稍投时好，以博润资，画品遂不免日流于俗浊，或柔媚华丽，或剑拔弩张，渐有'海派'之目。"[12] "海派"为迎合市民趣味，他们的作品题材通俗易懂，色彩鲜丽明快，以达到雅俗共赏的目的，吸引来自海内外的广大主顾。花鸟、山水与人物等传统题材在近代绘画市场勃兴之际，适应了这股潮流的变化。

民国年间，新一代海派书画家高举继承创新的旗帜，兼容并蓄，雅俗融合，从题材形式和笔墨技法上顺应潮流，以面向大众，贴近社会。当时的上海既是全国书画创作的重镇，更是书画交易活跃的舞台。书画市场的蓬勃，改变了绘画制作的情境。一方面，画家可以在市场寻求作品的销路，或通过人际关系，受托作画以获得赞助；另一方面，清末民国时期书画家结社之风盛行，有些社团甚至定制合作的润例，在一定程度上带动了合作画的发展。

房虎卿与同邑雅士、海上文人墨客交游，也创作了不少与名家合作的画作。从

12　俞剑华《中国绘画史》（下册），上海：商务印书馆，1937年，第196页。

这些合作画来看，基本上都是 20 世纪三四十年代房虎卿居住在上海期间和活动于江南一带所作。这些作品或是为市场需求而作，或是受主顾所托代为定制，抑或是文人交集兴之所致的即兴发挥。傍身画技常常是谋生和雅集的交际手段，合作画也是文人高雅意趣的象征，从中可以看出当时一批民国画家的高超技艺；同时，房虎卿与其人交游的点滴也可见一斑。

作于 1930 年的《蔬果图》，从扇面上马万里的题记可知，庚辰年（1930 年）元月十六日，杜滋园、范唤春、房虎卿、邓春澍、马万里同游意园。意园是常州一处始建于清初的府邸花园，历经时代变幻，为光绪年间知县史氏买下。五位邑人画家游赏这座江南古典园林建筑，醉后乘兴合写此扇面，分别画上香橼、莱菔、藕、莲房、葡萄。五人中邓春澍好藏印，吟诗作画，以画石著名。其中书画篆刻家马万里（1904—1979 年），武进人，曾随钱名山学习古文学，先后任教于南京美术专科学校、暨南大学、上海美术专科学校、桂林榕门美术专科学校等，精诗、书、画、印，一生以画名最著。马万里之女马慧先继承父业，擅画花卉、仕女等，房虎卿与其合作有《龙虎图》[13]，图绘风云之际，只见山坡草丛边两只啸虎与上空云层中涌动的双龙，呈互为呼应之势，描绘颇为生动，乃合作之佳构。可见，房虎卿与马家的交情也是渊源有自。

房虎卿与画家胡汀鹭多有合作。胡汀鹭（1884—1943 年），无锡人，是 20 世纪上半叶一代名家，受人尊敬的美术教育家、画家。自幼喜爱书画，曾先后在无锡、常州、南京的学校教授美术。1927 年与同乡贺天健、诸健秋等一起创办了无锡美术专科学校和振南国画堂，培养美术人才，现代著名画家钱松嵒、陆俨少等都曾经是他的学生。胡汀鹭具有深厚的传统功力，初作花鸟，从张熊、任伯年入手，力追青藤、白阳，花卉秀丽雅逸，鸟兽栩栩如生，尤其擅长画柳燕和八哥。后兼工山水人物，他笔下的山水笔墨苍劲，在当时的江南书画界有诗、书、画三绝之誉。如 1931 年所作《双雀图》（99cm×36cm），胡汀鹭画鸟，形态生动；房虎卿则补全景，用笔趋于简逸放纵，笔意流畅，格调明快。

1939 年合作画《竹林高士》（130cm×47cm），画境颇秀逸。胡汀鹭画人，程

13　影印于《广西文史》，2007 年（第 U11 期），第 29 页。

璋补坡石，黄素庵写竹，房虎卿作山峰。画上王师子题："水竹清幽暑亦寒，淇园随处是盘桓。乱离家园无完土，不及高人画里安。奉应虎卿先生属题。己卯春二月师子弟伟。"符铁年接着题道："云壑须眉妙态俱，竹林韵事好重摹。桑沧满目今何日，盍写桃源避世图。虎卿仁兄属题。己卯上巳符铸。"郑午昌继题："兰亭诗酒新亭泪，行乐及时不许贪。写取衣冠存远虑，晋人误国是清谈。己卯又月虎卿道兄属题。"诸家中除黄素庵为松江画家，其余皆寄居上海。从题跋可知，诸人应房虎卿之意合作并题。此时的中国，正处于抗日战争时期，有感于时局动荡，画家们以画来抒发胸臆，有所寄托。

同于1939年所作的《商山四皓》（135cm×44cm），题材取自秦末甪里先生周术、东园公唐秉、绮里季吴实、夏黄公崔广四位德高望重、品行高洁的贤者隐居商山的故事。历史上以四皓在商山隐居生活为题材的绘画作品为数不少，其中隐含了德治、隐逸思想、忠孝观念等，成为高隐和道德文化的象征，也是文人士大夫政治理想的寄托。画上方有画家尹同愈题跋："四老者，伟而髯也。或以为避秦入山，鸿飞冥冥矣。而胡为乎槿篱茅舍，将弃郊而入郭，等少年之游冶？抑以为应孝惠之招矣，而未见驰汉庭之使者。"与《竹林高士》一样，画中有隐喻和象征之意。上款为香岩先生，即杨廷芳（1891—1950年），号安阳山农，擅长书法，通晓古今五行之术，与同乡钱振锽交善。画面颇有吴观岱的笔墨意趣，由胡汀鹭画人物，唐企林绘松柏，房虎卿补成。唐企林即唐肯（1876—1950年），明代儒学大家、军事家唐顺之的后裔，武进人，近代著名书画家、政法学者，日本中央大学法律系毕业，是我国早期话剧先驱，曾与李叔同、曾延年等在东京创立近代中国最早的话剧团体"春柳社"，开中国新剧表演艺术之先河。唐肯工书，山水学"四王"，能文善诗，精鉴赏、富收藏，其人其艺，颇受时人推崇。他年长于房虎卿，从其流传画作来看，在画风上与房虎卿比较接近，说明两人之间多少是有相互影响的。据记载，唐肯的两个女儿唐敦（字文序）和唐龢（字季蘗）皆擅画，都曾受业于房虎卿门下。房虎卿和唐肯的交情应当极为深厚。

1941年房虎卿与吴青霞、戴元俊合作《清供图》（61cm×65cm）。清供多是可供案头赏玩的陈设，如盆景、蔬果、古器之类，清中后期盛行清供图，海派画家也多以此类题材入画。画上题识："辛巳夏至前一日，集企林先生之小半园，虎卿写松并置器，青霞补果实、菖蒲，元俊补梅石，振锽记。"跋中提及的企林先生即常州名士唐肯，于是年阴历五月二十六日（6月21日）唐肯小半园内，众人所绘合于一帧，耆宿钱名山题。合作者皆民国间常州籍名家。吴青霞（1910—2008年），承家学，为江南收藏家、鉴赏家吴仲熙之女，曾与李秋君、周錬霞、陆小曼等组成中国女子书画会，其画清雅明丽，尤善画鲤鱼、芦雁。戴元俊（1912—1982年），专攻花鸟，兼擅指画及山水，尤精牡丹，有"戴牡丹"之誉。画中所绘彼此呼应协调，观之雅致。

1944年作品《岁朝清供》亦属于清供题材，多用来悬挂作中堂画。画上题款："岁朝清供。春欣三表弟赏正，甲申元日唐肯补橄榄并题。"唐肯召集此次雅集，为其三表弟春欣合作这一作品。岁朝清供是清中后期江南地区文人画盛行的题材类型，并形成了比较固定的图式。岁朝，即一岁之始，农历正月初一，元旦也。从题款来看，此画作题材与作画时令正相吻合，作画的意图也清晰可见。而岁朝之清供亦不是随意而为，应有讲究。图中房虎卿作牡丹、花瓶，取"平安富贵"之意；郑午昌画百合，有百年好合之意；吴青霞写梅，代表着不畏严寒和高洁的品格；戴元俊画水仙，凌波仙子花香清淡，冰清玉洁；又有房榴仙写松，龙涵补灵芝，象征多寿；献庭写柿，事事如意之喻。画中诸多物象，有祈福纳祥之意。设色敷以胭脂、曙红、朱磦、朱砂、赭石、石绿、花青等色，既鲜丽喜庆，又清新秀雅。众画家写岁朝清供，题材寓意吉祥，美意延年，怡人心目，应为匠心所出。虽海派作品多带商品气息，这一题材折射出文人绘画世俗化的趋势，但与"四君子""岁寒三友"等题材一样，仍然追求古雅的情调和比德的伦理思想，蕴含着传统文人的精神旨归和审美理念。此画轴由八家合作完成，八人素有交往，其中除郑午昌是浙江嵊县人，余皆为常州籍。也可见常州籍画家在上海画坛的影响力渐增，蜚声海上。

1942年的《五瑞图》（74cm×33cm）是众画家在五月初五端午节所作。从郑午昌题识可知此图是由商笙伯、李芳园、沈一斋、洪庶安、房虎卿、高尚之、陈子恒、赵俊民、袁琴孙、袁绿英、王师子十多位画家合作完成，作画者均为近代海上名家，共同完成了这幅难得一见的佳构。我国民间历来把农历五月称为百毒活跃、多灾多难的"毒月"，把五月初五叫作"毒日"，而民间以毒蛇、蜈蚣、蝎子、壁虎、蟾

5　以艺会友：与诸家交游及合作画

蜍为"五毒"。为了对付这五种毒物，古人以菖蒲、艾蒿、石榴花、蒜头、龙船花五种植物为"天中五瑞"，以攘毒气，驱邪消灾。古时就流行《五瑞图》，画中往往不局限于这五种植物。本作除蟾蜍、蜈蚣、蛇、壁虎外，另有房虎卿所绘从画面右上角悬丝而下垂于半空的蜘蛛，代表"五毒"，其他如粽子、鸭蛋、枇杷、菖蒲、石榴花、大蒜、艾蒿、木槿花等代表端午佳节和祥瑞之物，俱现于画中，诸画家的姓名字号印也一一钤盖于旁，为画面增色不少。全图构思巧妙，有消除灾厄、祈求平安、吉祥顺遂之意。

另有《松柏绶带图》（175cm×95.5cm），尺幅较大。据画中各家题识可知，房虎卿绘柏并补成，唐肯补松，汪亚尘写红梅，王师子写绿梅，房榴仙写绶带鸟，郑午昌补灵芝，符铁年补竹，画上并有各家钤印。房虎卿所绘占为主体，古柏峥嵘苍劲，矫若虬龙，待主体已定，再补之以坚石土坡。唐肯所绘贞松劲挺，两树一前一后，拔地参天，呈顶天立地之状，增加了画面构图的凌空之意。其余各家相继补景穿插其中，开合主次、顾盼映带一一妥帖，层次井然，精神奕奕。画上有钱振锽题诗："翠柏间苍松，双飞绶带红。请看新岁月，大地转春风。"画中所描绘的各物象充分发挥了观物比德的传统思想，蕴含着长寿、吉庆、风骨等意象，这种托物寓意和类比思维，体现了传统绘画的审美语境以及中国文化中天人合一的精神。参与作画的画家中，汪亚尘曾与陈抱一等人组建"东方画会"，又东渡日本留学，赴欧洲作艺术考察，致力于传播中国绘画。此画上款为荣德生（1875—1952年），名宗铨，字德生，江苏无锡人，是中国最大的民族资本家之一，实业家。他支持教育，开办学校，并创立"江南大学"。新中国成立后，被推举为第一届全国政协委员，中华全国工商联筹委会委员。汪亚尘夫人荣君立系无锡荣氏家族人氏，女画家。或许正是此中缘由促成了这件作品的诞生。因所画主体为松树和柏树，以及绶带鸟为一对，再加上题款中所指七十双庆，似可推断，画家们协力完成的巨作，是为庆贺荣德生夫妇七十寿诞所作。依据祝寿按虚岁的习俗，作画时间应为1944年。

1947年创作的《五清辑瑞图》（171cm×92cm）又是一件巨幅大作。画上题曰："五清辑瑞图。子范先生清赏，房虎卿写双松，顾坤伯补石，江上悟种竹，陶心如红梅，蕴思钱女士灵芝。丁亥长至唐肯题。"合作画家中顾坤伯为无锡人，从吴观岱习画，后入上海美术专科学校专攻中国画，久居上海，善作山水，是现代国画家、教育家。江上悟为武进实业家，台湾当代诗人余光中的舅父。陶心如同为武进人，工山水、花卉，近代藏书家、红学家。这件作品与《松柏绶带图》相比，尺幅基本一致，构图接近，物象配置也基本相似。关于"五清"，说法多种，有指松、竹、兰、水、月，又指松、竹、梅、水仙、灵芝，是在"四君子"题材的基础上发展而来，象征着刚正、坚忍、乐观的精神，是文人喜爱的一种绘画题材。此幅合作中，松、石、梅、竹、灵芝是谓"五清"，其中松是房虎卿所长，运笔遒劲，雄秀苍郁，主势既定之后，其余一一落纸。画面笔墨酣畅淋漓，传递出朗朗清气。

同样含有比德寓意的作品有《岁寒三友》（106cm×41cm），房虎卿写松，郑午昌补梅，唐肯写竹并题。"岁寒三友"之称，取自中国传统寓意，松、竹经冬不凋，梅花耐寒开放，以喻君子之德风。此外，作于1945年的《双清》（107cm×32cm）绘梅、竹、石，属传统文人题材，是汤涤、房虎卿、唐肯合作完成。画上唐肯题识："乙酉之秋，收京驱虏，欢跃九陔。定之、虎卿集余小半园痛饮，定之画梅，虎卿写竹，余为补石并记之。"可知当时正值日本无条件投降，中国取得了抗日战争的伟大胜利。三人也极为欢欣，在唐肯寓所小半园开怀痛饮，并挥笔作画以志纪念。酒酣之后，精神抖擞，下笔也愈加放开，描绘物象虽笔墨简括，但气旺而神完。合作者中，汤涤（1878—1948年），字定之，江苏武进人，为清代名画家汤贻汾之曾孙。年未弱冠而书画皆通，中年长居北京，是民国年间北京画坛的重要画家。1933年后寓居上海，沪上名士咸与之游。从合作画的角度来说，房虎卿能与前辈汤涤共同完成一件画作，说明得到了前辈画家的重视与认可。

房虎卿素以画龙虎闻名海上画坛，他与寓居上海精于走兽画的画家也有合作。如《风云际会》（137cm×45.5cm）中张善孖写虎，程璋写石，房虎卿补成。1946年合作的《虎啸龙吟图》（139cm×68.5cm）为熊松泉画虎，房虎卿补云龙。熊松泉（1884—1961年），名庚昌，字松泉，江苏南京人，寓居上海，曾任新华艺专、苏州美专上海分校教授。能以左手作画，且挥洒自如。工画人物、山水、花鸟、走兽，尤以画雄狮出名，与善画虎的张善孖并称为"张虎熊狮"。合作画中两人驾轻就熟地表现了龙虎的形神。

5　以艺会友：与诸家交游及合作画

　　从搜集到的合作画来看，民国年间房虎卿和其他画家们合作热情尤盛，亦见有作品影印刊发。如房虎卿和吴青萍、胡汀鹭、卢东序、邓春澍、钱倩卿、戴元俊合作《秋色》[14]；常州旅沪同乡会办理书画展览征集画件，房虎卿与陶心如、张石园、房师钿、顾怡云五人合作山水《层峦松翠图》[15]，又与陶心如、商笙伯、张小廖、吴青霞、潘君诺六人合作《春满江南图》[16]，绘牡丹、辛夷、兰花、梅花等六种花卉。而调入江苏省国画院之后，房虎卿的合作画见于画院所藏《花卉》（35cm×139cm）镜片，房虎卿写金瓜，其他几位画家分别绘梅、瓜叶菊、松和芍药，笔法简练轻松，设色淡雅适意，画面清新明快。

　　合作画作为宫廷大型历史画的分工合作，或者文人雅集唱和的墨戏，自古以来就已经存在。如李成、王晓合作《读碑窠石图》，赵孟𫖯、赵雍、赵麟祖孙三代所绘《三世人马图》，郎世宁、王致诚及部分中国画家合作《万树园赐宴图》，王翚主绘的《康熙南巡图》等。民国时期名家合作画作亦有不少，也更为活跃。各种形式的合作画，有属于传统赞助形态的，有为市场所作的，也有受邀参加聚会挥毫或应酬之作。从房虎卿大量的合作画来看，他与很多画家关系密切，通过合作画作，增进了感情，亦有助于切磋画艺。合作画家们的画风和作画习惯也较为契合，从选介的作品中，可以看出用笔、墨彩、造型和韵味都是鲜活而富有意趣的。这些合作画在蔬果、花卉、山水等画科俱有创发，成就了雅俗共赏的艺术。

14　影印于《武进晨报》，1935年"新年特刊"。

15　影印于《常州旅沪同乡会会讯》，1948年第3期。

16　影印于《常州旅沪同乡会会讯》，1948年第3期。

6

艺苑耕耘：课徒授业及涉足书法、园林

房虎卿不仅擅长描绘龙虎、蔬果、花鸟、山水等题材，还与海上画坛名家交游合作，与良师益友过从甚密，从中获益良多。入职江苏省国画院之后，则倾力于国画艺术的传承，授徒以画艺，将所学与心得传于后学，并在篆书创作与园林设计方面有所涉足。他毕生都在艺术的园地中孜孜以求，耕耘不辍。

画传家法，三代相承

中国古代绘画主要以师徒相授和家学传承为基本传艺方式，师承与家学关系在中国书画之道中显得尤为重要。翻开中国绘画史，据史籍记载，历代的画家均可找出其家学或师承渊源，史载无所师承者实为少见，这在一定程度上是绘画教育传统之必然结果。古今书画之彦，历代以承继家学、名曰书画世家者不计其数，代不乏人。如东晋王羲之一门书画人才济济，南宋马家世代以图画为业，元代赵孟頫全家在书画艺术上有一定造诣，"吴门四家"中文徵明其子侄辈大批继承祖业的名人和女史造就了文氏家族巨大的声势。在传承过程中培养出代代画家，对绘画艺术的发展起到了积极的推动作用。

常州画史上以清代恽向、恽寿平、恽冰等为代表的恽氏一门书画影响深远。唐宇昭、唐荧父子擅没骨花卉，其族弟唐宇肩擅书法，是在当时书画界声誉颇高的书画家群体。毕涵、毕简、毕昇也皆精通绘事而形成毕氏一门，其画风也有许多追随者。汤贻汾之子汤绶名、汤懋民、汤禄名，女汤嘉名，也均为当时名家，形成汤氏流派，再加上孙辈汤世澍、汤涤，发扬汤氏一门画风，是晚清至民国时期常州颇有影响的画家群体。

作为近现代常州画坛上的代表人物，房虎卿一门也是书画技艺数代相承。房虎卿祖父房庆恺即善画；房虎卿本人育有二子二女，其中两位女儿均从艺习画，并得其真传。陆丹林撰房虎卿小传时提及"女素钿，亦善绘事"[1]，素钿即房虎卿大女儿房师田，亦名师钿、师铀，1926年生于常州，1937年随父到上海，自幼跟随房虎卿

1　陆丹林主编《中国现代艺术家像传》，香港：波文书局，1978年，第129页。

6 艺苑耕耘：课徒授业及涉足书法、园林

学习传统山水画。后来著名美术史论家、山水画家郑午昌在看到房师田的画作后，大加赞赏，主动要求收其为入室弟子。郑午昌以"鹿胎仙馆"名义招集有志治艺的青年研习国画，1942年起，房师田随郑午昌学习绘画，得到悉心指导，她和陈佩秋、王康乐并称为郑午昌"三大弟子"。1942年房师田加入上海中国画会，成为当时上海最年轻的女画家，还与吴青霞、周鍊霞、陆小曼、谢月眉等结为"海上画坛十姐妹"，并得到名家吴湖帆、谢稚柳等人的指点。

房师田17岁时作《挽篮仕女》于沪上，郑午昌于画上题字，评道："秀外慧中，渊源家学，以及笄之年擅点染之能。花卉人物禽鱼久已有声江南。因时事多乱不见，仅阅春秋，而用笔老练，构图谨严，设色妍雅。又若登百尺楼更上一层矣。其尊人虎卿道兄出示此帧，为之欣赏，不忍释手。"[2] 又在其另一幅画作《雨山图》上再题："浑厚庄静，殊快心目。"[3] 吴湖帆评房师田所作《爽秋图》曰："颇具风度，殊堪嘉佩，长此精进，未可量也。"[4] 房师田在绘画上已是传统功力深厚，难怪吴湖帆对其赞许有嘉。房师田初入画门即得名师指点，殊为难得，这为她日后的成功奠定了较高的基础。

1948年，房师田与江子砺成婚。江子砺毕业于清华大学化学系，是上海化工研究所创始人之一，后曾任两届全国政协委员。参加婚礼的有房虎卿在上海文化界的众多好友。50年代中期，因江子砺工作调动，房师田由上海移居常州，房虎卿回到常州与女儿一家同住。父女二人一起从事艺术创作，艺术上互相影响。

房师田的从艺和成功受房虎卿的影响极大，她擅仕女、山水，兼作人物、花鸟、走兽，亦能画龙虎，可谓得其父真传。在国家号召艺术家贴近生活、贴近群众的时代背景下，以传统见长的房师田将深厚的功力与生活实际、自然风貌有机结合，创作了《渔港之春》《深山探宝》《会当凌绝顶》等现实主义精神的作品。《海防前哨》（46cm×89cm）、《风云际会》（92cm×33cm，1976年）等则是与其父房虎卿之合作，颇得其父画风神韵。房虎卿鼓励女儿勤学，在传统绘画的学习上，房虎卿对房师田的教诲有三：一是对传统精神的深刻认识；二是领会的悟性；三是勤奋和刻

---

2 《房师田国画集》，北京：人民美术出版社，2013年，第16页。

3 《房师田国画集》，北京：人民美术出版社，2013年，第2页。

4 《房师田国画集》，北京：人民美术出版社，2013年，第4页。

苦的学习毅力。从这三点也能看出房虎卿对传统的重视，视传统为艺术的根基。在20世纪以来涌现出的女性画家群体中，房师田的绘画讲求传统法度，笔力秀健，意境清新深远。她于1960年任常州市工商联副主任，1984年任常州书画院副院长兼艺术委员会主任，先后任常州画院名誉院长、常州市美术家协会主席、江苏省政协委员、省妇联执行委员、江苏省文史馆馆员等，成为饮誉江南的女画家。

房师田所作《寒云欲雪》上有房虎卿壬辰年（1952年）题记，又从江子砺癸酉年（1993年）补记中得知，这件作品背后有段插曲。《寒云欲雪》本是房师田二十岁时所习仿古屏画四帧之一，房虎卿诸老友见四屏画而誉之，已题其三，这是最后一帧也是最经意之作。房师田婚后将之长悬于室，甚是珍视，惜于丙午年（1966年）夏遗失，不可复获，直至壬申年（1992年）秋偶见于裱画店，喜出望外，于是商量以新画易之，终失而复得，经二十六载完璧而归。此幅是房师田40年代所作，功力已相当深厚。画之珍贵，更见于房虎卿题字，意在勉励女儿勤学，其中有言："余以钿、训二女，皆喜随余习画，迩来训已投身艺苑，当能继求深造。"[5] 房虎卿所言"训"即次女房师训，亦名房纶，因其倾力绘画，房虎卿言语间不乏赞赏之意。房虎卿次婿殷培龙也是一名美术工作者，为上海科学教育电影制片厂编导，其作品《熊猫》获1979年黎巴嫩贝鲁特第四届国际教育电影节荣誉奖，1984年意大利第十四届自然、人、环境国际生态电影节金奖，中华人民共和国政府生态电影节金奖；执导的科教片《万里长城》获1981年文化部优秀影片奖，1989年其作品《麻风》《中国岩溶》也在国际上获奖。

房虎卿的外孙江可群也擅长中国画，受到外祖父和母亲在绘画艺术方面的熏陶与指导，在艺术氛围浓厚的环境长大，他以画传家法、发扬和出新，为江苏省国画院首批特聘画家，曾任常州画院院长，国家一级美术师。作为后辈与学生，江可群说："我出生到而立之年，正是外祖父60岁到90岁的时段，这个时期内大多数时间我和外祖父生活在一起。作画之余，外祖父常和我谈及他的一些经历，从他老人家平

---

5 房虎卿题房师田《寒云欲雪》，见《房师田国画集》，北京：人民美术出版社，2013年，第6页。

缓的语气中，常常可以悟出人生的哲理。"⁶ 如房虎卿作品《菊黄蟹肥》（44cm×96cm），有房师田、江可群题字，绘画是三代人共同的志趣。钱小山称赞房家三代传承家学，后继有人，为常州艺苑增色，他作诗道："难得丹青代代传，房山笔迹喜蝉联。毗陵自昔多才俊，艺苑今看后起贤。"⁷

1981年，房虎卿的遗作和女儿房师田、外孙江可群的作品在常州联合举办"三代画展"。随后，"房虎卿、房师田、江可群三代画展"由中国美术家协会江苏分会、南京博物院联合组织，在南京博物院展览大厅展出，受到江苏省美术界和外国友人的好评。《美术家通讯》《新华日报》《江苏画刊》《南京日报》以及江苏电台等媒体都编发了报道和评述。秦吟作《南京博物院大厅赏房虎卿房师田江可群三代画展吟呈房师田伯母》（1981年7月22日）一诗，概括了展览中画作的风神面貌。兹录如下：

恍如破壁安乐寺，又似景阳醉闻啸。
眈眈踞虎望空跳，蟠龙吐浪长河浩。
风走沙石雨狂暴，翻云搅墨金陵道。
恶斗顿教天昏眊，一剑电光空山峭。
霹雳撼我醒，尚闻云际噪。
房公橡笔任腾踔，生龙活虎何绝妙！
画师彩笔娇女传，伯母师田造诣奥。
……
吾爱伯母画，清俊劲苍相融娆。
黄山饱蘸云雾归，万紫千红春原燎。
吾爱伯母画，处处心血浇。
要教山河更辉煌，挥汗皲肤岂一朝。

6　江可群《可亲可敬的艺术长者——纪念房虎卿先生120周年诞辰》，《常州日报》2009年8月3日。
7　钱小山《读房老画》，《常州报》1979年10月6日。

劫灰拂去细摹描，未苟轻心折毫毛。
恬澹深处清筠小，风入松时意入霄。
丹青不负苦心客，三缸水尽笔花爆。
延陵代见才人出，房公门第又一曜！
可群风韵妙维肖，江郎深思深独到。
二泉月魂入梦遥，漓江荡漾筏箭邀。
厥老题额意兴饶，三代画展春意闹。
旖旎正是风物好，古城平添三分俏！[8]

作者通过记三代画展，吟三代画家，给予他们高度的肯定和赞赏。不仅把房虎卿、房师田、江可群作品的特点、风神描写出来，并指明三代一脉相承、不断开拓创新，表达出尊敬和爱戴之情。

传习画理，培养后学

绘画自身的发展体现出一种传承性，并在此基础上推陈出新。临仿是学习传统绘画的基础和极为重要的过程，是学画者以笔墨把握程式而达到自由创作的必修阶段。书画的精妙与蕴涵在于良师的指点，在绘画教学中用以示范的各种题材样式、具有图示作用的课徒稿名作层出不穷，如黄筌《写生珍禽图》就是他给儿子作范本的画稿。传授书画技艺为传统绘画教育在审美观念、审美旨趣的培养和明画理、画法及画技的训练上发挥了重要的作用。

作为教学时绘画范本的课徒画稿可追溯到明末董其昌，他继承宋元文人画思想，主张"以古为师"，并把学习传统看作"渡河宝筏"。董其昌作有以课徒稿方式流传下来的树石粉本以示门人弟子，即今藏美国波士顿美术馆的《画稿册》。画稿尺寸、形式不一，应是平日随意勾摹用作笔记，其上所画树、石、皴、染、米家云山、倪

8　秦吟《萍补荷塘》，北京：中国文联出版社，2006年，第59-60页。

6 艺苑耕耘：课徒授业及涉足书法、园林

攒折带皴等，提纲挈领，具有绘画的示范意义。绘完山水，拈出要诀，题以诗文，诗、书、画相映成趣。此册笔墨凝练，当为董氏七八十岁时用意之作。清人龚贤也作有《课徒画稿》，是其在教授徒弟生涯中积累的山水画著述，以图文并茂的方式讲授山石、树木、笔墨、丘壑、气韵等画技画法。而近代黄宾虹、贺天健、陆俨少等人也都绘有课徒画稿，为中国画学习者入门的根基。

同样具有课徒稿性质的是刻印的画谱，这是在社会经济文化等因素的作用下，为便于流传和扩大应用的范围而产生的。画谱之名从宋代起虽已出现，但直至明清才大量刊印，同时刊印的还有画论。画理画法的进一步总结与画谱的大量出现与传播，对绘画教育的普及起到了不可忽视的作用。如康熙十八年（1679年）由王概等人编撰的《芥子园画传》，分门别类介绍中国画基本技法，可为广大初学者入门参考。又如《十竹斋画谱》《三希堂画宝》等，兼有画法示范以供学习的功能。可以说，供教学之用的课徒稿与画谱，作为传统画家课徒授业的生存方式而存在，在绘画教学与技艺传承中产生了深远的影响。

房虎卿也作有专门教授山水画的课徒稿，今留存于江苏省国画院的《课徒画稿》（34cm×24cm）作于1960年，当是江苏省国画院开设山水进修班期间房虎卿向学员传授中国画技法与画理的课堂画稿。画稿数量较多，内容丰富，涵盖了浅滩苇丛、云雾山峦、湖涛拍岸、风云欲雨、四时明晦等不同的山水情状，描画细致。惜这46张画稿顺序散乱，现依其类别和标注其上的不同编号重新梳理分类，以复原当年房虎卿山水画稿的思路和整体面貌。画稿分为六组，分述如下。

其一，"假山法"一组：自古以来，文人偏爱奇石，米芾见丑石则下拜；宋徽宗爱石，绘有《祥龙石图》；吴彬、米万钟也绘有形态嶙峋诡谲的灵璧石。画稿中假山石各种造型，以中锋带侧的线条勾皴，然后以淡墨皴染暗部，表现瘦、皱、漏、透不同的结构、纹理。

其二，"丛树法"一组：第一开绘有三组松树，苍劲挺拔，虬根盘结，高低错落安排有序。第二开画垂柳，柳树随着蜿蜒的坡岸由近逐渐推远，表现出空间远近关系。"一群杂树十二种"中，树的高低、起落以及穿插在构图时均已考虑。画稿中另绘有胡椒点小树群、枯树丛等画法，示以树法的同时，注重构图法，着意于经

营位置，相比传统课徒稿单一的树法更为具体，更有绘画的示范作用。

其三，"山石皴法"一组（图47）：画稿中分述各种山石画法，以图文结合的方式演示了山石的皴法。"大云出岫"画稿为书卷皴法，只见山岩层叠，有如卷卷书册层层垒积，因而定名为"书卷皴"。"书卷皴"是房虎卿不同于古人的创造，应是他走向自然、从生活中体悟山川的变化总结而来，丰富了传统山水的皴法。"云雾山脚"一开是写生画稿，以元画家倪瓒折带皴法画西子湖畔。"云锁山峦"一开以解索皴法画山峦，再用淡墨染云。"悬崖云罩"示以唐李思训小斧劈皴法。第五开山头用荷叶皴，并用传统勾勒法画白云。"风云欲雨"一开用元画家米友仁米点皴画山峰，用斜点画树叶。"云断百丈泉"用斧劈皴画大岩石。最后一开"黄海松云"中房虎卿自言用米点皴画山峰，或有疏忽，在此予以纠正，应是北宋范宽雨点皴法，也叫点子皴。这组画稿演示了传统山石画法，从画面的完整性来看，有的画稿已然可以成为独立的作品。

其四，"配景法"一组：景物的生动和变化是画面所需，这组画稿中丛树与屋舍、草亭、木桥、坡石、崖壁、溶洞相组合，因取景不同，而各呈姿态。其中，树石与建筑的结合除《芥子园画传》中有所列入，在其他画家的课徒稿中并不多见。

其五，"湖涛泉瀑法"一组（图48）：这组画稿中，生动地描绘了瀑布、溪泉、湖涛不同的情状。第一开按房虎卿所述，所画瀑布上曲下直，用斧劈皴画两边岩石，用披麻皴画靠近水道的石头，中间的瀑泉与传统笔法略有变化。所撰画法步骤与图式相配合，清晰明了。第二开"黄果树大瀑布"是用传统的笔墨来表现其现实形态。第四开"多曲瀑泉"写生于黄山桃花溪。第五开"鼋渚春涛"也是源于写生的画稿，画的是无锡鼋头渚阵阵波涛。除画稿所绘外，60年代中后期房虎卿针对这同一主题也进行了创作。

其六，"设色法"一组（图49）：表现出不同月份、时节中树石组合的设色之法，描绘了春夏秋冬桃红柳绿、树木葱翠、泛黄染红、积雪覆盖的季节变化。古代的课徒稿多为水墨，房虎卿这套画稿中还有设色法的演示，因而，在课徒示范性上，显得更为具体。

明代唐岱《绘事发微》中论传授曰：

6　艺苑耕耘：课徒授业及涉足书法、园林

> 凡画学入门必须名师讲究指示立稿，如山之来龙起伏阴阳向背，水之来派近远湍流缓急，位置稳妥，令学者得用笔用墨之法，然后视其笔性所近引之入门。俟皴染纯熟心手相应，则摹仿旧画多临多记。古人丘壑融会胸中，自得六法三品之妙，落笔腕下眼底一片空明，山高水长气韵生动矣。学至此，所谓有可以神会而不可以言传者也。[9]

说明课徒画稿在山水画传习中具有重要的意义。清初"四王"以平生精力上溯传统，集唐宋以来山水画家之大成，如现藏上海博物馆王翚《小中见大册》是临摹范宽、巨然、董源、王蒙、黄公望、倪瓒等古代大家的作品，笔精墨妙，体现了深厚的传统功力。学画山水，追溯和学习传统是必经之路，传统的基本功是极为重要的。从以上各组画稿内容来看，精彩纷呈。这是一套专述山水之法、很用心的作品。房虎卿在陶铸诸家的基础上创立画稿，对学画山水者必然给以启迪，令其大有裨益。

房虎卿另有《□步学画山水小画稿》[10]，作于1963—1964年，也是学习山水基础的课徒画稿。其中示范了梧桐、髡杨、杂树等树法，以及画土块、岩石、山峰所用的披麻皴、斧劈皴、云头皴、解索皴、长麻皴、短麻皴、乱麻皴等基本皴法。还示范了山水的没骨画法，指明也叫拖泥带水皴法，大都在矾纸上画，容易着笔。画稿中有文字记道："这是一本简单的第一阶段学习山水画基本功的小画稿，共计四十六页。是从初步临画一树一石起，到各种山石的皴法，各种树的点叶和夹叶，必须要学习和必须要知道的基础。"显然，原画稿完整的话是46张单页，此稿将单页重新装裱成手卷形式，编排顺序上也作了改变。

此稿是房虎卿为学弟所绘，他认为"要日常勤学苦练，要临到与原稿一样才能算达到初步基础的目的"。画稿上并书有学画山水的心得："山水画是国画里的一个画种，它的内容很广。举凡山水、云雾、树石、人物、建筑等都要画，也都要学习的。"还提出学画过程分为三个阶段，他说：

9　[清] 唐岱《绘事发微》，见《中国书画全书》第八册，1994年，第887页。
10　因画稿签条破损，题名首字不见。从画稿所配文字内容来看，画稿名称似为《三步学画山水小画稿》。

图 47 《课徒画稿》之"山石皴法"一 34cm×24cm 1960年

图47 《课徒画稿》之"山石皴法"二 34cm×24cm 1960年

图47 《课徒画稿》之"山石皴法"三 34cm×24cm 1960年

图 47 《课徒画稿》之"山石皴法"四 34cm×24cm 1960 年

图47 《课徒画稿》之"山石皴法"五 34cm×24cm 1960年

图 47 《课徒画稿》之"山石皴法"六 34cm×24cm 1960 年

图 47 《课徒画稿》之"山石皴法"七 34cm×24cm 1960 年

图47 《课徒画稿》之"山石皴法"八 34cm×24cm 1960年

图48 《课徒画稿》之"湖涛泉瀑法"— 34cm×24cm 1960年

图48 《课徒画稿》之"湖涛泉瀑法"二 34cm×24cm 1960年

图 48 《课徒画稿》之"湖涛泉瀑法"三 34cm×24cm 1960 年

图 48 《课徒画稿》之"湖涛泉瀑法"四 34cm×24cm 1960年

图48 《课徒画稿》之"湖涛泉瀑法"五 34cm×24cm 1960年

图 48 《课徒画稿》之"湖涛泉瀑法"六 34cm×24cm 1960 年

图 49 《课徒画稿》之"设色法"— 34cm×24cm 1960 年

图49 《课徒画稿》之"设色法"二 34cm×24cm 1960年

图 49 《课徒画稿》之"设色法"三 34cm×24cm 1960 年

图 49 《课徒画稿》之"设色法"四 34cm×24cm 1960 年

图 49 《课徒画稿》之"设色法"五 34cm×24cm 1960 年

图 49 《课徒画稿》之"设色法"六 34cm×24cm 1960 年

图 49 《课徒画稿》之"设色法"七 34cm×24cm 1960 年

图 49 《课徒画稿》之"设色法"八 34cm×24cm 1960 年

> 第一阶段是向现代老师学习，习些用笔用水墨勾勒、皴擦、渲染等各种基本方法，使之手笔能运用自如；第二阶段是向古人学习，就是要认真观摩历代各种名画，取长补短，来充实自己的作画能力；第三阶段是向大自然学习，放开眼界吸取山川形胜，各地、各事、各物以及千千万万的社会形貌，心领神会地尽情挥写出来，渐渐达到可以创作的境界。但这种境界学者切记不是一蹴即发的，必须日常勤学苦练，有了相当功力才能得心应手的。

可以说，这些论述是房虎卿绘画思想的重要体现。房虎卿在传授画理时耳提面命，谆谆教诲，可见，他对山水画的学习颇具心得。在传统画论强调"师古人""师造化"的基础上，他认为师法同时代画家、向现代画家学习是学画途径的第一阶段，这是他的创见。然后逐步深入，由近人上溯古人，承传学习，不断完善技法。最后从自然中获取素材和灵感，锤炼创作能力。从房虎卿所论以及他自身的绘画实践来看，他也是确实是一名善于学习的画家。除修习内功以外，强调游历，体会自然，交友谈艺，转益多师。他的山水画就是在深研画理、讲求笔墨韵致的基础上，刻苦钻研，不断开拓创新。

随着房虎卿画名传播，向他习画者也渐多。在寓居上海期间，房虎卿已经收有不少学生，所以有"其及门弟子遍全国，海上尤多"[11]之说。这可以从一则简报中得以了解，文曰："名画家房虎卿氏之弟子马雄冠、徐云斋、马裕音、薛佩琨、房师铀、李璃、顾怡云等，筹备组织'一粟庐同学书画联谊会'。"[12]并于1949年2月13日，在常州旅沪同乡会中召开成立大会。其门下学生数量上有了一定规模，从学多年，各有所长，也是"为求相互研究，而发扬国画之艺术"[13]。20世纪60年代，房虎卿担任江苏省国画院山水进修班导师，培养出一批讲究传统功底的江苏山水画创作年轻画家，如华拓、秦建明等。他长期研究中国山水画，秉承中国历史上的师道传统，视培养画才为己任。

---

11 《东方时报》1949年2月22日第4版。

12 《艺文简报》，《大公报》（上海版）1949年2月12日第4版。

13 《房虎卿门下多才》，《真报（1947-1949）》1949年2月12日第2版。

6　艺苑耕耘：课徒授业及涉足书法、园林

1966年文化大革命开始。1977年春，江苏省国画院恢复成立。其时房虎卿年事已高，江苏省国画院不要求他上班，只在开会时通知他参加。房虎卿在原位于东下塘荆溪村21号的常州老家画室中[14]，仍笔耕不辍，教导学生是他的任务之一。东下塘荆溪村21号院内即是其故居，原外围墙进户门的门楣上刻有"荆溪精舍"四字，每字八寸见方，故又名荆溪精舍。故居"分别为21-7、21-8号两处清代硬山造平房，系女婿江子砺祖产，21-7号平房坐西朝东，面阔两间9米左右，进深6檩6米左右；21-8号平房为坐北朝南，面阔三间11米左右，进深7檩8米左右，南檐下为沿廊，两屋之间的西首有2檩宽长6米的一面坡式的（走）廊屋相连，建筑总面积近160平方米。廊屋东面为一较宽敞的天井（过去曾是花园）"[15]。房虎卿在常州居住于此，直至终老。

虽然20世纪初以来，中国美术院校如雨后春笋拔节而起，如齐白石、黄宾虹、赵叔孺、徐悲鸿、刘海粟、潘天寿、周祖荫、黄君璧、张大千、林风眠等名家纷纷执过教鞭，都有在美术院校执教的经历，学院派引入先进的绘画教学理念，设置合理的课程，有效地改变了以往课徒式的教学方式，但房虎卿在常州仍以传统的师徒传授方式悉心教育学生，指导他们成才。学画的学生各地都有，从学生花名册上可见，他先后收有两百多名学员，其中不少人活跃于当代艺坛。

房虎卿的学生中卓有成就的如承名世、朱青生等，房虎卿是他们的绘画启蒙老师。承名世（1918—2011年），原名雪飚，字雪帆，号横岸、横岸村民，江苏武进三河口乡人。1932年师从房虎卿学山水画[16]，1941年起先后任潜化中学、县中、芳晖女中、群英中学等校国文、图画教师。其间，问学于一代词家钱名山，得吕思勉、童书业等教益甚多。1944年随房虎卿到上海，加入中国画会。曾任上海市立博物馆技术干事，又受聘苏州美专沪校，任山水课国画教授，继任职于上海博物馆、上海文史研究馆等，是著名文物鉴赏家、书画家。朱青生（生于1957年），江苏镇江人，1974年开始师从房虎卿接受传统中国绘画训练。先后毕业于南京师范大学美术系，中央

14　包立本、陆志刚主编《常州名人故居》，北京：方志出版社，2006年，第148页。
15　包立本、陆志刚主编《常州名人故居》，北京：方志出版社，2006年，第151页。
16　陈玉堂编著《中国近现代人物名号大辞典》，杭州：浙江古籍出版社，2005年，第849页。

美术学院美术史系,海德堡大学美术史研究所,获博士学位,曾任教于中央美术学院,为北京大学历史学系教授,主要从事艺术史研究和批评,以及现代艺术创作。房虎卿收少年朱青生为弟子时已年逾八十,据朱青生口述,每日的功课是"他画给我看,我照着他的画临写,他再在我的画上直接改""我的老师房虎卿先生曾给我一些纸,是乾隆时候的好纸,让我用手摸,试墨。最精妙的是用舌尖去舔,看它在舌尖上黏合的程度和感觉——纸的好坏就是这么辨别出来的"[17]。可以看出,房虎卿严格认真地教授传统绘画技法以及如何辨识作画材料的好坏。

房虎卿享年九十高龄。他为人敦厚,学生众多,一生培养的学生中不乏卓有成就者。他非常爱才,对之嘉勉提携,不时把自己的心爱之作赠送学生以作勉励。他身体力行,循循善诱,所作山水课徒画稿和传授技艺,为中华民族文化艺术的继承与发展贡献了自己的力量。

篆书创作与受邀园林设计

除了擅画,房虎卿的书法也有功底。他能写行楷,尤善篆书。曾有一副篆书入选全国书法展览,也有书法作品入选省市美展,并获得好评。其篆书遒劲秀逸,富有金石气。

房虎卿1961年所作《篆书》(110cm×61cm)文字内容为毛泽东《西江月·井冈山》,词曰:"山下旌旗在望,山头鼓角相闻。敌军围困万千重,我自岿然不动。早已森严壁垒,更加众志成城。黄洋界上炮声隆,报道敌军宵遁。"所书含金文、甲骨文,小篆书写规矩,并吸收了邓石如、吴让之的风格。1964年作《篆书》(69cm×30cm)录毛泽东《卜算子·咏梅》,词曰:"风雨送春归,飞雪迎春到。已是悬崖百丈冰,犹有花枝俏。俏也不争春,只把春来报。待到山花烂漫时,她在丛中笑。"房虎卿书写领袖人物诗词,带有明显的时代烙印,是民族和时代精神的突出反映。

---

17 《对话朱青生:从传统国画到当代艺术》,见《藏画导刊》,2012年第2期(总第62期)。

6 艺苑耕耘：课徒授业及涉足书法、园林

房虎卿有一帧《篆书》（25cm×52cm）扇面书李白《秋下荆门》诗："霜落荆门江树空，布帆无恙挂秋风。此行不为鲈鱼鲙，自爱名山入剡中。"篆书有赵之谦笔意。1965年作《篆书对联》（137cm×25.5cm×2），书"芸窗碧映松间月，花雨红添竹里泉"。房虎卿还有一副篆书对联曰："藤花落砚香归字，院竹敲窗韵入琴。"[18] 不仅内容清雅，书法亦笔墨精妙，铁画银钩，雄浑劲拔，是难得的佳作。

在篆书创作以外，房虎卿还涉足园林设计。中国自古以来就有崇尚自然、喜爱自然的传统。园林同山水画艺术一样，从一开始就有满足人们向往自然、享受自然美的要求。园林既是居住、避暑和进行各种活动的场所，有生态环境要求，又能使人倾心领略山水林泉自然之美，获得高级精神享受，更有艺术欣赏的要求，其精神功能是居主导地位的。园林的设计和建构既表现了人与自然亲密的审美关系，同时也表现出浓厚的古雅趣味和情调，表达了只有中国人才有的生活观念和审美态度。园林和山水诗、山水画有着共同的追求目标，中国古代有诗画相通之说，造园家往往就是诗人、画家，如现存最大的江南园林拙政园就是由"明四家"之一的文徵明设计的，有了画家的参与，园林设计中融入了中国画家特有的眼光和理念。在师法自然的原则指导下，造园家以千姿百态的山川林泉为本源，创作了无数林园与苑囿。他们不仅将文人的志趣、气质、情操反映在园林中，而且把诗情、画意赋予园林，使中国园林艺术拥有别具一格的艺术境界。

常州的古典园林原本可与苏州媲美，却大多毁于战火。新中国成立后，政府决定恢复园林建设，便想到了房虎卿。房虎卿成名已久，常州园林部门邀请他为家乡城市建设设计图稿，他当仁不让，为家乡设计了两处园林。

其一，东坡公园。东坡公园原名东郊公园，系名胜古迹与自然风光相结合的江南园林。房虎卿根据史料记载中苏轼十数次到常州，以及清乾隆帝步苏轼之后尘来常州的历史遗迹，巧妙地运用古运河水，把分散的古迹串联起来。在龙亭周围掘池叠石，把"东坡洗砚池"纳入"群峰"之中，为较狭小的空间增加了深度。再利用江南古典园林美学中的虚实、藏露、浅深、疏密等原则，通过布置空间、组织空间、

18　包立本、陆志刚主编《常州名人故居》，北京：方志出版社，2006年，第149页。

创造空间、扩大空间的种种方法，将各种艺术要素组织成为一个艺术整体。房虎卿以一位山水画家特有的情趣和审美投入园林设计，为了尽可能完美地体现自己的创作理念，施工期间，他还多次到现场指导。

其二，红梅公园。位于常州天宁寺北侧的红梅公园，原为天宁寺林园旧址，虽经历年扩建，规模仍不大，直到20世纪50年代，经大规模建设后才成为常州市最大的综合性公园。园内有红梅春晓、曲池风荷、孤山松雪等八景；东南部的红梅阁始建于唐朝，现存建筑为清代重建；文笔塔建于南朝齐梁年间，是常州现存最古老的建筑。房虎卿为红梅公园所作设计名为《常州市文教与绿化中心规划图》，这幅市政建筑设计图稿后为常州市一位民间收藏家收藏，尺寸约40cm×55cm，是用水彩画在普通卡纸上的，上署"房虎卿设计未定稿"等字样，并有"虎卿"白文印。此设计稿当绘于50年代，房虎卿由上海返回常州之后。图上除用国画颜料写的文字外，还有用铅笔作的删改，标有亭、土坡、羊肠鸟道、原有之水塘、取消之水塘、新开河道、土墩、屋宇、桥梁、小船、大道的具体位置等。从设计图来看，所规划的地点就是现今的红梅公园。

公园面积很大，设计要选重点，房虎卿按照"园中园"的设计理念，精心构造了江南胜景。"利用原有的太平寺、玄妙观、天宁林园等建筑来考虑整个规划。在他的设计图中，有大广场、池塘，还在靠近天宁林园处设计了一只船坞，在连接关河和另一条小河处设计了进出水闸。在整个园林中遍植竹、松、柏等，可以想象一片葱茏。"[19] 虽然有关建设单位并未按照这张图纸施工，"如设计图上动物园的位置位于公园东南部的玄妙观原址与太平寺原址之间，而事实上是位于公园的东北方向，面积也比设计图稿上的大了一倍；看设计图上删改的痕迹，铅笔删改后的就是后来建造动物园的位置，而设计图上动物园的位置后来建造了游泳池。虽然与实际实施有所区别，但设计图上大部分构思是被采用的，如园中大部分的绿化，采用的是松、柏、竹、红梅，规划中的河道工程大部分后来也实施了"[20]。设计图中红梅公园主体部分依然可见，这张手绘设计图作为历史见证显得非常珍贵。

---

19 《常州发现最早的红梅公园规划设计图》，《常州日报》2007年8月10日。
20 《常州著名画家房虎卿手绘红梅公园规划图重现》，《常州日报》2017年11月27日。

结论

房虎卿是一位丹青能手，平生善作龙虎、畜兽、蔬果、花鸟、山水，题材广泛，可谓各擅其胜，无一不精。他善于借鉴学习，广泛吸收，由近人上溯古人，取法诸家，形成了博采众长的绘画风格。他亦善书法，涉足园林设计，显示出多才多艺的艺术功底。

房虎卿画龙由黄山寿上溯南宋陈容，风格秀谨，以积墨法画云水，浓淡墨渲染阴阳，烘托气氛，表现龙叱咤风云的神气。画虎受名家张善孖影响，笔墨淋漓，形神兼备，堪称神技。其畜兽题材吸收了程璋及郎世宁的西洋画法，突出了立体感、光影和空间的表现，精工逼真，显示出扎实的造型能力和写实本领。他在名家如林、面貌纷繁的海上画坛另辟蹊径，画出自己的特色，在市场上立足。房虎卿的蔬果画用色妍雅，布局严谨，受恽寿平、虚谷、陆恢、丁辅之、张大壮等人的影响，复参用西法，吸收西洋画的写生法和明暗透视法，惟妙惟肖，令人叹绝。他的花鸟画生动活泼，是典型的"海派"画风，又承继了"常州画派"清雅的风格，在新的时代背景下，他的作品随之渗入了新时代精神气质，画面的用色更趋明快浓重。房虎卿的山水在造境和笔意上，则由"四王"上溯唐寅以及宋元诸家，同时，汲取吴观岱、贺天健、郑午昌等人的画法。新中国成立以后，房虎卿以专业创作与课徒为主，积极投入实景山水的创作当中，描绘黄山胜景、太湖春涛、巍巍岱岳，并歌颂社会主义建设新风貌。他把传统山水画的理论与技巧和现实生活紧密结合起来，创作出一批具有强烈时代气息与个性风格的佳作。其山水秀劲苍润，用笔雄健老辣，达到了南北交融、化古开今的新境界。

房虎卿的艺术活动一半在民国，作为职业画家，鬻画为生，有声于时；一半在新中国，成为江苏省国画院首批专职画师，艺术活动延续至20世纪70年代末。他与唐肯、张善孖、郑午昌、吴湖帆、林散之、张大千、费新我、谢稚柳等名家往来甚密，并从中得益良多。他从传统走向现代，师法的范围更为广泛，注重吸收近现代师友的画风，加以融会贯通，并能自辟蹊径，开拓出新风貌。他能工能写，粗放时寥寥数笔，简约疏朗，精细处则细如毫发，笔笔见功力，并于传统的基础上吸收西洋画法。他的画风壮年秀谨，晚年笔力雄壮，尤能精工逼真无老态，清新婉约中兼有雄强之气。他淡泊名利，甘于寂寞，严谨治艺，在艺术追求上体现出持之以恒的执着精神。

房虎卿是海上画坛的一名重要画家，也是江苏画坛上德高望重的前辈。他的生平及艺术活动跨越了晚清、民国和新中国前三十年，经历了20世纪风云际会的中国社会和美术思潮纷沓的时代。因而，研究和探讨房虎卿及其所处时代的相关命题具有艺术价值和历史意义。梳理房虎卿生平、行状和他的主要作品、艺术历程，有助于对其绘画艺术加以客观解读和完整揭示，给予其恰当的评价和历史定位，对于研究20世纪的画坛动向有一定价值，同时对中国画现代革新的探索也具有启发性意义。

附录一 参考文献

著作

[1] 李翊《戒庵老人漫笔》，明万历刻本
[2] 郑绩《梦幻居画学简明》，清同治三年（1864）刻本
[3] 俞剑华《中国绘画史》，上海：商务印书馆，1937
[4] 夏文彦《图绘宝鉴》，长沙：商务印书馆，1938
[5] 钱松喦《砚边点滴》，上海：上海人民美术出版社，1962
[6] 陆丹林主编《中国现代艺术家像传》，香港：波文书局，1978
[7] 俞剑华编《中国美术家人名辞典》，上海：上海人民美术出版社，1981
[8] 龚贤《画诀》，北京：北京市中国书店，1983
[9] 中国古代书画鉴定组编《中国古代书画图目》，北京：文物出版社，1984-1993
[10] 郭若虚《图画见闻志》，北京：中华书局，1985
[11] 恽茹辛编著《民国书画家汇传》，台北：台湾商务印书馆，1986
[12] 黄宾虹、邓实编《美术丛书》，南京：江苏古籍出版社，1986
[13] 人民美术出版社编辑部编《江苏省国画院作品选集》，北京：人民美术出版社，1987
[14]《费新我书法集》，南京：江苏美术出版社，1991
[15] 卢辅圣主编《中国书画全书》，上海：上海书画出版社，1992-1999
[16] 中国美术馆编《中国美术年鉴：1949-1989》，南宁：广西美术出版社，1993
[17] 常州市地方志编纂委员会编《常州市志》，北京：中国社会科学出版社，1995
[18] 高锌《留芬集》，上海：上海科技情报所，1997
[19]《宣和画谱》，长沙：湖南美术出版社，1999
[20] 俞剑华编著《中国古代画论类编》，北京：人民美术出版社，2000
[21] 赵绪成主编《江苏省国画院藏画选集》，苏州：古吴轩出版社，2002
[22] 董桥《从前》，北京：生活·读书·新知三联书店，2002
[23] 江苏省常州市天宁区志编纂委员会编《天宁区志》，北京：方志出版社，2003
[24] 高春明编《上海艺术史》，上海：上海人民美术出版社，2002
[25] 叶鹏飞、潘茂编著《常州书画》，北京：中国文史出版社，2003

[26] 徐昌酩主编《上海美术志》，上海：上海书画出版社，2004
[27] 林散之研究会整理《林散之诗集·江上诗存增订本》，北京：文物出版社，2004
[28] 王震编著《二十世纪上海美术年表》，上海：上海书画出版社，2005
[29] 陈玉堂编著《中国近现代人物名号大辞典》，杭州：浙江古籍出版社，2005
[30] 包立本、陆志刚主编《常州名人故居》，北京：方志出版社，2006
[31] 秦吟《萍补荷塘》，北京：中国文联出版社，2006
[32] 王宸昌等编《中国美术年鉴·1947》，上海：上海社会科学出版社，2008
[33] 方薰《山静居画论》，杭州：西泠印社出版社，2009
[34] 康有为《万木草堂论艺》，北京：荣宝斋出版社，2011
[35]《房师田国画集》，北京：人民美术出版社，2013
[36]《当代中国画名家作品集》（第九辑），天津：天津人民美术出版社，2014
[37] 桂兴主编《民国书画3·山水卷》，成都：成都时代出版社，2015
[38] 邵川编著《林散之年谱》，南京：江苏凤凰文艺出版社，2016

报刊

[1] 长生《秋英会之宴》，《申报》1928年10月14日
[2] 沧波《秋英会读画记》，《申报》1928年11月16日
[3] 王西神《五湖秋泛记》，《新闻报·快活林》1928年11月24日、25日
[4]《参观中日现代绘画展览会记》，《申报》1929年11月11日
[5] 荆梦蝶《菊社亦园雅集记》，《申报》1929年12月8日
[6] 荆梦蝶《花下飞觞追纪》，《申报》1930年12月6日
[7]《现代名画家近作展览会十三日起举行》，《申报》1931年11月10日
[8] 寄萍《高君珊欧美归来话国难（二）》，《申报》1931年12月19日
[9]《海上名家消寒画展》，《申报》1931年12月25日
[10]《武进晨报》，1935年"新年特刊"
[11]《房虎卿画展》，《上海新报（1935）》1935年9月26日
[12]《房虎卿国画展览三日至七日在永安》，《大公报》（天津版）1936年5月2日
[13]《房虎卿画展昨起在永安饭店举行》，《大公报》（天津版）1936年5月4日
[14]《房虎卿画品别具风格：展览会中所见》，《大公报》（天津版）1936年5月6日
[15]《房虎卿画会展期三日》，《大公报》（天津版）1936年5月8日
[16]《房虎卿画展今日闭幕》，《大公报》（天津版）1936年5月10日
[17] 吴子通《参观房虎卿画展记》，《北洋画报》1936年第28卷（第1396期）

[18]《近代画家房虎卿画龙》,《北洋画报》1936 年第 29 卷(第 1414 期)
[19] 艺徒《记画龙圣手房虎卿》,《海报》1942 年 8 月 29 日
[20]《国际文化振兴会书画家座谈会》,《申报》1943 年 6 月 19 日
[21]《日文化振兴会主催中日书画座谈纪录》,《申报》1943 年 6 月 21 日
[22]《申报·简讯》,《申报》1944 年 8 月 12 日
[23]《常州旅沪同乡会会讯》,1948 年第 3 期
[24]《艺文简报》,《大公报》(上海版)1949 年 2 月 12 日
[25]《房虎卿门下多才》,《真报(1947—1949)》1949 年 2 月 12 日。
[26]《东方时报》1949 年 2 月 22 日
[27] 徐悲鸿《漫谈山水画》,《新建设》1950 年 2 月
[28] 钱小山《读房老画》,《常州报》1979 年 10 月 6 日
[29]《江苏画刊》,1982 年第 1 期
[30]《广西文史》,2007 年第 U11 期
[31]《常州发现最早的红梅公园规划设计图》,《常州日报》2007 年 8 月 10 日
[32] 江可群《可亲可敬的艺术长者——纪念房虎卿先生 120 周年诞辰》,《常州日报》2009 年 8 月 3 日
[33]《常州著名画家房虎卿手绘红梅公园规划图重现》,《常州日报》2017 年 11 月 27 日

附录2 房虎卿艺术年表

1890年（清光绪十六年） 1岁
出生于武进夏溪镇。

约1901年（清光绪二十七年） 12岁
开始随祖父房庆恺学习文学及绘画。

1915—1920年（民国四年至民国九年） 26—31岁
考入上海图画美术院，半年后退学回到常州，到溧阳县城学校教图画。

1920—1929年（民国九年至民国十八年） 31—40岁
在常州、武进、溧阳等地任学校图画教师。

1928年（民国十七年） 39岁
11月7日至11日，以所画墨龙参加"秋英会"第一次展览会，会址在上海西藏路宁波同乡会。与"秋英社"吴观岱、黄宾虹、钱云鹤、胡汀鹭、谢公展、王师子、符铁年、孙雪泥、陶冷月、钱瘦铁、谢玉岑、郑曼青、马万里等人泛游太湖。鼋渚晚归，同人议画舟中所见，于是与胡汀鹭、谢公展、郑曼青合作《芦柳芙蓉》一幅。

1929年（民国十八年） 40岁
定居上海，以画艺营生，寓所在河南中路吉祥里204号二楼。
秋，受邀参加常州兰陵菊社主人夏忆鹤之寓所亦园赏菊之筵，与杜滋园、邓春澎、郑岱鹤、钱小安、范笑春、刘诵荪，及夏慧平、蒋佩豁两女士合作《九秋图》。
11月1日，中日现代绘画展览会在上海徐园行揭幕礼，汇集当时名家之作。所作墨龙参加展览。

1931年（民国二十年） 42岁
加入上海中国画会。结识海上书画界名流冯超然、谢公展、王师子、符铁年、马公愚、贺天健、汪亚尘、俞剑华、张石园等，尤与张善孖、郑午昌、吴湖帆、张大千、谢稚柳等人交往甚密。

11月13日，参加由薛保伦主事的画家群展，由薛保伦邀请而加入者有王师子、王个簃、李秋君、汪声远、孙雪泥、马企周、马孟容、马万里、商笙伯、符铁年、张善孖、张大千、贺天健、陆小曼、黄宾虹、赵叔孺、熊松泉、郑午昌、郑曼青、潘天寿、刘海粟、楼辛壶、钱瘦铁、谢公展等四十人。在宁波同乡会展览三天。

12月25日，参加由薛保伦主办的《海上消寒名画展》，在宁波同乡会四楼展出。此次画展规模较大，所列作品件数在数百以上。

1935年（民国二十四年） 46岁

《风云际会》刊于《武进晨报》1935年"新年特刊"。

和吴青萍、胡汀鹭、卢东序、邓春澍、钱倩卿、戴元俊合作《秋色》，刊于《武进晨报》1935年"新年特刊"。

9月23日至27日，在杭州开元路商学社开国画展览会，参观者甚众。

1936年（民国二十五年） 47岁

5月3日至10日，在天津永安饭店举行国画展览会。当时《大公报》（天津版）在5月2日、4日、6日、8日、10日连续报道了展会情况，并给予很高的评价，引起关注，盛况空前。

《房虎卿作山水》刊于《北洋画报》1936年第28卷（第1396期）。

《将在平展览之房虎卿画山水》刊于《北洋画报》1936年第28卷（第1399期）。

《近代画家房虎卿画龙》刊于《北洋画报》1936年第29卷（第1414期）。

《永安画展房虎卿画虎扇面》《现在本市永安展览房虎卿山水册页》《永安画展房毅作品松猿立轴》《永安画展房虎卿山水画扇》刊于《天津商报画刊》1936年第17卷第21期。

《房虎卿绘龙扇面》刊于《天津商报每日画刊》1936年第19卷第2期。

《寒江独钓》刊于《唯美》1936年第18期。

1943年（民国三十二年） 54岁

6月18日，日本国际文化振兴会招待海上书画家举行座谈会。马公愚、汪亚尘、王季迁、熊松泉、郑午昌、王季眉、吴湖帆等一同参会，即席均发表意见，希望能够共同推动中日绘画的交流。

1944年（民国三十三年） 55岁

8月15日，常州旅沪同乡会为清寒子弟贷学金、施诊给药，补助本邑贫儿院教养费筹募捐款，发起书画展览会，于上海成都路中国画苑公开展览一周。遂与同乡冯超然、刘海粟、汤涤、陶心如、唐肯、庄繁诗、吴青霞等，及海内名家如吴湖帆、叶恭绰、俞阶云、夏敬观、张元济、缪萧孙、钱崇威等人参加了展览。

1948年（民国三十七年） 59岁
与陶心如、张石园、房师钿、顾怡云合作《层峦松翠图》；与陶心如、商笙伯、张小廎、吴青霞、潘君诺合作《春满江南图》，刊于《常州旅沪同乡会会讯》1948年第3期。

1956年 67岁
随长女房师田、女婿江子砺从沪返里，定居常州。任常州政协委员、市国画联谊会副主任、江苏省文联委员。
创作《黄山松云》，入选《第二届全国国画展览会》。

1960年 71岁
江苏省国画院成立，应邀加入省画院，职称被定为"副画师"，为省画院年龄最高者。和画院其他画家一起，深入工厂、农村，游历名山大川，在新的时代丰富创作内容。
担任江苏省国画院山水画进修班教师。画了数以百计的课堂画稿，积几十年创作实践之经验，编绘《山水基础画稿》，内容包括各种树石云水山体的图式、皴法和大量文字，对历代山水画流派代表画法作了较为系统的总结和阐述。在创作同时，为江苏山水画创作班底培养出一批讲究传统功底的年轻画家。

1961年 72岁
继50年代登黄山写生之后，于72岁高龄再上黄山最高峰。

1965年 76岁
5月中旬，随国画院十多位画家赴徐州写生，参观淮海烈士塔、煤铁矿等，列车中与林散之、费新我畅谈甚欢，还同游云龙山。
5月，与俞剑华、林散之、丁士青、费新我赴扬州，得识篆刻家蔡易庵和书家孙龙父。

1973年 84岁
10月，在女儿房师田、外孙江可群陪同下，以84岁高龄三上黄山最高峰，感受颇深。黄山成为其最爱表现的题材之一。
受上海第一百货大楼之邀，作寻丈巨幅《黄山奇观》和毛泽东《卜算子·咏梅》诗意画。
应上海外贸部门之邀，两次赶往上海，画四幅龙虎图。
20世纪70年代起，因年事已高，不需在江苏省国画院上班，只参加会议。居于常州市东下塘荆溪村21号的画室中，仍笔耕不辍，先后收学员达二百多人，给以悉心指导。

1979年 90岁

1月19日，因心脏病在常州市第一人民医院逝世。从19日至23日，告别者络绎不绝。25日，在常州市政协礼堂举行追悼会，亚明副院长代表省国画院前来参加，会堂上安放钱松嵒、林散之、费新我、宋文治、魏紫熙、张晋、喻继高等国画院同事送来的花圈一百多只。江苏省国画院书记宋洁致悼词："房虎卿先生是我省著名画家，为繁荣国画创作做了许多有益的工作。"

1981年

5月1日，"房虎卿、房师田、江可群三代画展"由常州市政协文化组、常州市文化局、常州市文联主办，在常州美术馆举行。江苏省、常州市领导及众多观众前去观看。全国人大常委会副委员长胡厥文为"三代画展"题词，著名书法家林散之为"三代画展"题签。

7月19日，"房虎卿、房师田、江可群三代画展"应邀在南京博物院展厅举行。江苏省领导及美术界人士数百人参加开幕式。对房虎卿的作品赞扬有加。据南京博物院姚迁院长所述，观众人数太多，展期延长三次，共展出48天。

1982年

1月，《江苏画刊》（1982年第1期）载房虎卿、房师田、江可群美术作品。

后记

画家房虎卿相关的文字资料较少，写作中须搜集查阅各类文献，且更多依赖作品解读，以充实和完善画家个案研究。书中论及以及收录的画家作品主要由房虎卿家属提供，其他来自江苏省国画院、南京博物院、朵云轩的藏品，民国以来报刊影印作品，以及雅昌艺术网拍卖图录，在此基础上作了全面的梳理、筛选和甄别。

为避免写作中作品标题缺失，或题名单一、重复，笔者结合画面内容，以更形象贴切地体现画作意涵为标准，为部分作品命名。同时，将作品从纵向上与古人画题、著录及风格进行联系，横向上与同时代画人加以比较，以客观把握画家的画风画貌及发展脉络。本书稿论画篇目系多年前完成，成稿之时文字与所涉作品文图一一对应，以示所论均有依据。现成书仅选取部分代表性作品作为配图，盖以少总多。

感谢中国嘉德国际拍卖有限公司古书画鉴定顾问尹光华先生，笔者自小追随先生学国画，感佩其书画鉴定眼力和深厚的学识。先生不仅是笔者书画艺术道路上的引路人，还为本书创作经眼画家的作品，提供了宝贵意见，令笔者受益匪浅。感谢上海师范大学影视传媒学院出版传媒系陆臻女史在本书出版过程中提供的尽心帮助，以及房虎卿家属江可明、周科进夫妇对笔者及本书出版的大力支持。此外，家人始终如一的关怀，是最坚实的后盾。

本书的写作过程较为顺畅，然从书稿酝酿到付梓出版，中经周折，几度春秋。其间得到国家社科基金艺术学一般项目（批准号19BF091）"中国古代书画著录的发展阶段及其撰述方式研究"经费资助，得以面世，为此感到欣慰。

自求学以来，专注于国画、画论，继而对包括著录、鉴赏在内的画学文献和书画鉴藏领域产生兴趣，以期在知识体系和实践运用上不断融合。所谓"闭门即是深山，读书随处净土"，惟愿在未来的时光里，在清净如许的世界中，继续与书画艺术相伴。

丁薇薇
上海师范大学美术学院
2024年5月20日